人 类 神 秘 现 象

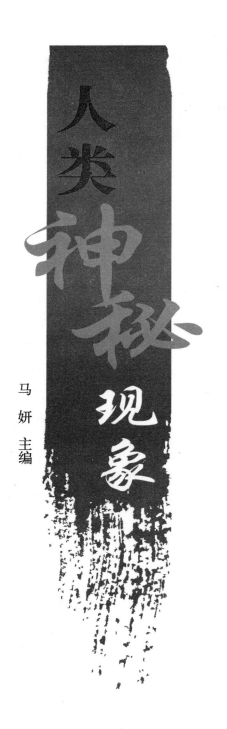

人类神秘现象

马妍 主编

光明日报出版社

图书在版编目（CIP）数据

人类神秘现象 / 马妍主编 . –– 北京：光明日报出版社，2012.6（2025.1 重印）

ISBN 978–7–5112–2376–0

Ⅰ . ①人… Ⅱ . ①马… Ⅲ . ①科学知识－普及读物 Ⅳ . ① Z228

中国国家版本馆 CIP 数据核字 (2012) 第 076447 号

人类神秘现象

RENLEI SHENMI XIANXIANG

主　　编：马　妍	
责任编辑：李　娟	责任校对：映　熙
封面设计：玥婷设计	封面印制：曹　净

出版发行：光明日报出版社

地　　址：北京市西城区永安路 106 号，100050

电　　话：010–63169890（咨询），010–63131930（邮购）

传　　真：010–63131930

网　　址：http://book.gmw.cn

E – mail：gmrbcbs@gmw.cn

法律顾问：北京市兰台律师事务所龚柳方律师

印　　刷：三河市嵩川印刷有限公司

装　　订：三河市嵩川印刷有限公司

本书如有破损、缺页、装订错误，请与本社联系调换，电话：010–63131930

开　　本：170mm×240mm	
字　　数：200 千字	印　　张：12
版　　次：2012 年 6 月第 1 版	印　　次：2025 年 1 月第 4 次印刷
书　　号：ISBN 978–7–5112–2376–0	

定　　价：39.80 元

前 言

P R E F A C E

　　在漫长的征服外部世界与自身、创造文明社会的历史进程中，人类遭遇到种种匪夷所思的神秘现象：能"报时"的澳大利亚怪石、行踪诡秘的幽灵岛、千年不腐的马王堆女尸、神秘莫测的百慕大三角区、蕴含太极文化的太极星象村、富丽堂皇的克里特岛山迷宫、神出鬼没的尼斯湖水怪、真真假假的 UFO 影像……听起来近乎天方夜谭的神秘现象背后都蕴含着人类发展的契机。而人类天生具有探索、征服新奇的不可知事物的强烈欲望，正是在这种欲望的驱使下，人类通过对神秘现象孜孜不倦的追求和探索，才一步步从混沌走向文明，人类智慧也因此得到最大程度的挖掘与开发。

　　《人类神秘现象》作为探索发现系列之一种，正是为满足广大读者的求知欲和探索欲而诞生的。它是一本融知识性与趣味性于一体的科普读物，编者认真择取各个领域中最有研究价值、最富探索意义和最被广泛关注的神秘现象，分别从自然奇观、建筑奇迹、生命探奇、科学求索、星外传奇、文化迷踪、艺术奥秘 7 个方面予以重点介绍，多角度、全方位地诠释迷离奇妙的神秘事件，客观、科学地分析其成因、特点，力争给读者提供最权威、最丰富、最全面的信息。

　　为了满足读者更高层次的阅读需要，编者精心挑选了许多弥足珍贵的彩色图片，其中包括实物图片、自然风光、建筑景观、出土文物、摄影照片等。或刻画环境，或模拟经过，或揭示内涵,或提供佐证,使读者犹如身临其境,获得最直观、最具震撼力的视觉冲击。这种图片、文字互济互补、相辅相成的解读方式,弥补了单纯文字说明过于抽象的缺憾,使知识的传输更加直接、快捷,也更符合现代读者的审美观点。

我们希望通过准确生动的文字、简明的体例、新颖的版式和精美的图片的有机结合,为读者营造一个轻松的阅读氛围,展示更为广阔的认知视野,带您进入一个精彩、神秘的世界,踏上探索未知世界的阶梯。

目 录

CONTENTS

自然奇观

神秘莫测的间歇泉

在中国西藏雅鲁藏布江上游的搭各加有一种神奇的泉水——间歇泉。间歇泉的泉水涓涓流淌，在一系列短促的停歇和喷发之后，随着一阵震人心魄的巨大响声，高温水汽突然冲出泉口，即刻扩展成直径2米以上、高达20米左右的水柱，柱顶的蒸汽团继续翻滚腾跃，直冲蓝天。它的喷发周期是喷了几分钟、几十分钟之后就自动停止，隔一段时间才再次喷发。

除了中国的间歇泉外，在冰岛首都雷克雅未克附近，还有一眼举世闻名的间歇泉——"盖锡尔"泉。这个泉在间歇时是一个直径20米、被热水灌得满满的圆池，热水缓缓流出。不久，池口清水翻滚暴怒，池下传出类似开锅时的呼噜声，随之有一条水柱冲天而起，这条水柱最高竟可达70米！

科学家经过考察指出，适宜的地质构造和充足的地下水源是形成间歇泉最根本的因素，此外，还要有一些特殊的条件：首先，间歇泉必须具有能源，地壳运动比较活跃的地区炽热的岩浆活动是间歇泉的能源，因而它只能位于地表稍浅的地区。其次，要形成间歇性的喷发，它还要有一套复杂的供水系统来连接一条深泉水通道。在通道最下部，地下水被炽热的岩浆烤热，但在通道上部，泉水在高压水柱的压力下又不能自由翻滚沸腾。同时，由于通道狭窄，泉水也不能进行随意的上下对流。这样，通道下面的水在不断地加热中积蓄能量，当水道上部水压的压力小于水柱底部的蒸汽压力时，通道中的水被地下高压、高温的热气和热水顶出地表，造成强大的喷发。喷发后，压力减低，水温下降，喷发因而暂停，为下一次新的喷发积蓄能量。

●喷发时的间歇泉

神奇的尼亚加拉瀑布

您看过杂技表演艺术家布朗亭在尼亚加拉瀑布的奔腾激流上方50米高处架起长达300米的钢索，成功地空着双手走了过去吗？您看过他蒙上双眼、头套口袋，也同样成功地走过这300米的钢索吗？您看过同样的一个人踩着独轮小车过去，踩着高跷过去，背上背着人过去，坐在钢索上烹调了一个煎蛋饼还将它吃了吗？是什么使勇敢而伟大的布朗亭有如此的力量呢？那就是尼亚加拉瀑布，是它给予了布朗亭伟大而神奇的力量。

尼亚加拉瀑布可算得上是世界上最为神奇的地方之一了。下面就让我们一起探视尼亚加拉瀑布的传说之谜吧。

构成了部分加拿大与美国的边境线，将纽约州与加拿大的安大略省分开的尼亚加拉河从伊利湖向北流向安大略湖，全长将近50千米。它位于北面，面积为65万平方千米，并成为这些湖的通畅出口。它的最大水流量达到每秒7000万立方米，十分令人敬畏。这条河被草莓岛和格兰德岛劈开分成3段，头8千米只有一条河道。向东的美国河道有25千米长；向西的加拿大河道则较短，只有5千米长。在格兰德岛后两个河道又合并到一起，再流过5千米就到了举世闻名的尼亚加拉瀑布。

●横跨两国的大水帘——尼亚加拉瀑布，瀑布两岸有两个尼亚加拉瀑布城，一个属于美国，一个属于加拿大。右边马蹄形的瀑布属于加拿大，左边的则在美国境内。

●亚美利加瀑布，水帘宽约 300 米。

这条大河最终可到达安大略湖，先后途经 12 千米的峡谷、一片开阔的湖区平原和 12 千米的陆地。尼亚加拉瀑布本身也被哥特岛分成两个部分。马蹄形瀑布高度接近 50 米，顶部宽度将近 1000 米。比加拿大部分的还要高上大约 3 米，但是宽度只有 300 米的瀑布则位于美国一侧。

它的形成在于不寻常的地质构造。在尼亚加拉峡谷中岩石层是接近水平的，每千米仅下降 6 米～7 米。岩石的顶层由坚硬的大理石构成，下面则是易被水力侵蚀的松软的地质层。激流能够从瀑布顶部的悬崖边缘笔直地飞泻而下，正是由松软地层上的那层坚硬的大理石地质层所起的作用。更新世时期，巨大的大陆冰川后撤，大理石层暴露出来，被从伊利湖流来的洪流淹没，形成了如今的尼亚加拉大瀑布。通过推算冰川后撤的速度，瀑布至少在 7000 年前就形成了，最早则有可能是在 2.5 万年前形成的。

●马蹄形瀑布，水帘宽近千米。

令人望而却步的昆仑山 "地狱之门"

　　"天苍苍，野茫茫，风吹草低见牛羊。"在牧人眼中，草肥水足的地方是他们放牧的天堂。但是在昆仑山生活的牧羊人却宁愿因没有肥草吃使牛羊饿死在戈壁滩上，也不敢进入昆仑山那个牧草繁茂的古老而沉寂的深谷。

　　这个谷地即是死亡谷，号称昆仑山的"地狱之门"。谷里四处布满了狼的皮毛、熊的骨骸、猎人的钢枪及荒丘孤坟，充斥着一种阴森吓人的死亡气息。下面是一个真实的、由新疆地矿局某地质队亲眼所见的故事：

　　1983年，有一群青海省阿拉尔牧场的马因贪吃谷中的肥草而误入死亡谷。一位牧民冒险进入谷地寻马。几天过去后，人没有出现，而马群却出现了。后来牧民的尸体在一座小山上被发现。衣服破碎，光着双脚，怒目圆睁，嘴巴张大，猎枪还握在手中，一副死不瞑目的样子。让人不解的是，他的身上没有发现任何的伤痕或被袭击的痕迹。

　　这起惨祸发生不久后，在附近工作的地质队也遭到了死亡谷的袭击。那是1983年7月，外面正是酷热难当的时候，死亡谷附近却突然下起了暴风雪。一声雷吼伴随着暴风雪突如其来，炊事员当场晕倒过去。根据炊事员回忆，他当时一听到雷响，顿时感到全身麻木，两眼发黑，接着就丧失了意识。第二天队员们出外工作时，惊诧地发现原来的黄土已变成黑土，如同灰烬，动植物已全部被"击毙"。

　　地质队迅速组织起来考察谷地。考察后发现该地区的磁异常极为明显，而且分布范围很广，越深入谷地，磁异常值越高。在电磁效应作用下，云层中的电荷和谷地的磁场作用，导致电荷放电，使这里成为多雷区，而雷往往以奔跑的动物作为袭击的对象。这种推测是对连续发生的几个事件的最好解释。

●死亡谷

有行星轨道数据的美洲"黄泉大道"

●特奥蒂瓦坎遗迹

在美洲的著名古城特奥蒂瓦坎（意为众神之城），有一条被称为"黄泉大道"的纵贯南北的宽阔大道。在公元10世纪时，最早来到这里的阿兹特克人，沿着这条大道来到这座古城时，发现全城没有一个人，他们认为大道两旁的建筑都是众神的坟墓，所以就给它起了这个奇怪的名字。

1974年，一位名叫休·哈列斯顿的人在墨西哥召开的国际美洲人大会上声称，他在特奥蒂瓦坎找到一个适合它所有街道和建筑的测量单位。通过运用电子计算机计算，这个单位长度为1.059米。例如特奥蒂瓦坎的羽蛇庙、月亮金字塔和太阳金字塔的高度分别是21、42、63个"单位"，其比例为1：2：3。

哈列斯顿测量"黄泉大道"两边的神庙和金字塔遗址时，发现了一个让人惊讶的情况："黄泉大道"上那些遗址的距离，恰好表示着太阳系行星的轨道数据。在"城堡"周围的神庙废墟里，地球和太阳的距离为96个"单位"，金星为72，水星为36，火星为144。"城堡"后面有一条运河，它离"城堡"的中轴线为288个"单位"，刚好是木星和火星之间小行星带的距离。离中轴线520个"单位"处是一座无名神庙的废墟，这相当于从木星到太阳的距离。再过945个"单位"，又是一座神庙遗址，这是太阳到土星的距离。再走1845个"单位"，就到了月亮金字塔的中心，这刚好是天王星的轨道数据。假如再把"黄泉大道"的直线延长，就到了塞罗戈多山上的两处遗址。其距离分别为2880个和3780个"单位"，刚好是冥王星和海王星轨道的距离。

"黄泉大道"很明显是根据太阳系模型建造的，特奥蒂瓦坎的设计者们肯定早已了解整个太阳系的行星运行的情况，并了解了太阳和各个行星之间的轨道数据。

能"报时"的澳大利亚怪石

　　岩石能报时？听起来近乎天方夜谭，但在澳大利亚中部阿利斯西南的茫茫沙漠中，确实有一块能"报时"的奇石。屹立在沙漠中的这块怪石高达 348 米，周长约 8000 米，仅其露在地面上的部分就可能有几亿吨重。

　　这块怪石通过每天很有规律地改变颜色来告诉人们时间的流逝：早晨，旭日东升，阳光普照的时候，它为棕色；中午，烈日当空的时候，它为灰蓝色；傍晚，夕阳西沉的时候，它为红色。它是当地居民的"标准时钟"，当地居民根据它一日三次的颜色变化来安排农事以及日常生活。

　　怪石除了随太阳光强度不同而改变颜色外，还会随着太阳光照射角度的变化而变幻形象：时而像一条巨大的、悠然漫游于大海之中的鲨鱼的背鳍；时而像一艘半浮在海面上乌黑发亮的潜艇；时而像一位穿着青衣、斜卧在洁白软床上的巨人……

　　怪石为何具有"报时"的功能？

　　为了解释怪石"报时"的现象，许多考古学家和地质学家对怪石所处的气候条件、地理环境进行了详细考察，并对怪石的结构成分等进行了深入的研究。一些科学家试图这样解释怪石产生的"怪现象"：怪石之所以会变色是由于怪石处在平坦的沙漠，天空终日无云，空气稀薄，而怪石的表面比较光滑，在这种情况下，怪石表面有镜子的作用，能较强反射太阳光，因而从清晨到傍晚天空中颜色的变化能相应地在怪石上得到呈现。

　　怪石变幻其形象则是由于太阳光在不同的气候条件下活动而产生反射、折射的数量及角度的不同，这种变化反映到人眼，即成为怪石幻形。

　　科学家对怪石"报时"的说法虽不能完全解释怪石现象产生的原因，但也为世人稍微解开了一丝谜团。

●澳大利亚怪石

蒙着神秘面纱的 中国神农架

神农架位于中国长江与汉水间的川鄂交界地带，有"华中屋脊"之称，面积 3250平方千米，林地占85%以上。平均海拔1700米，最高处达3105米，有多种 气候类型。

提起神农架，人们不能不想到"野人"。从古至今，大量的关于野人的记载 和野人的传说让人难辨真伪。1977～1980年，有关部门组织了两次大规模的野 考，搜集到大量关于野人存在的证据，如野人毛发、脚印、粪便等，还发现野 人住过的竹窝。考察结果似乎向人们昭示：神农架的确存在一种不为人们所知的 奇异动物。

其实，神农架不仅仅是野人令人称奇，还有更多的神秘现象。在一个叫阴峪 河的地方，栖息着大量的白色动物。这里终年少有阳光透射，适宜白金丝猴、白 熊、白麂、白蛇等动物栖息，此外还有白乌鸦、白猫头鹰、白龟等等。据说，那 里的白蛇通体洁白无瑕，盘踞时犹如一尊玉雕，挺立时就像一根银棍，贴地而行， 速度奇快。世界原来只在北极地区才发现有白色动物，这么多动物在神农架变白，

●神农架燕子垭

成了科学上的待解之谜，因为这绝不仅仅是气候因素能决定的。

1986 年，当地农民在深水潭中发现了 3 只巨型水怪，它们全身呈灰白色，头部与大蟾蜍相似，两只圆眼比饭碗还大，嘴巴张开时有 1 米多宽，两前肢生有 5 趾。浮出水面时嘴里喷出的水柱高达数丈。

●山高谷深的神农架原始森林区

不仅如此，与水怪传闻相呼应的还有关于棺材兽、独角兽、驴头狼的传闻。据说，最早发现棺材兽的地点是神农架东南坡，这是一种长方形怪兽，长着很大的头、脖子短粗，全身为麻灰色毛，跑起来的惯力可以撞断树枝。独角兽体态像大型苏门羚羊，后腿略长，头像马，前额正中生着一只牛角一样的黑色弯角，约 40 厘米长，从前额弯处呈半圆弧弯向后脑。驴头狼好像是一头大灰狼被截去狼头换上了驴头，是个体型远大于狼的灰毛家伙。

除了奇怪的动物耐人寻味外，神农架还有许多地质奇观更是神秘莫测。在红花乡境内有一条潮水河，让人迷惑不解的是河水一日早、中、晚各涨潮一次，更神奇的是潮水的颜色会因季节而变，梅雨之季水色碧青，干旱之季水色混浊。

宋洛乡有一处冰洞，洞内温度与洞外气候大相径庭。当洞外自然温度高于 28℃时，洞内就开始结冰，山缝里的水沿洞壁渗出，形成 10 余米长的冰帘，晶莹剔透，美不胜收，滴在洞底的水则结成顶端如蘑菇状的冰柱，而且为空心。洞外天气转冷时，洞内的冰就开始融化，到了冬季，洞内温度反而高于洞外。

与宋洛冰洞相应成为另一奇洞的是木鱼镇的冷热洞，洞中时而冷风习习，时而热浪滚滚，目前还没有一个最合理的说法来解释这一冷热忽变的现象。还有官封乡的鱼洞，洞里水色伴着春雷产生变化，春雷过后，水色由清变浊，等水色完全浑浊后，成群的鱼在洞里游来游去，这些鱼如筷子般长短、无鳞无甲、洁白如银，场面蔚为壮观。

"冷热颠倒"的中国地温异常带

　　每当数九寒冬和酷热的盛夏来临之际，爱幻想的人们总渴望能有一个冬暖夏凉的地方。虽然春夏秋冬的变换是一种规律，但世界如此之大，无奇不有，在这个地球上竟有一部分幸运的人居住在冬暖夏凉的"地方"，这就是辽宁省东部山区桓仁县境内被人们称为"地温异常带"的地方。这条"地温异常带"一头开始于浑江左岸满族镇政府驻地南 1.5 千米处的船营沟里，另一端结束于浑江右岸宽甸县境内的牛蹄山麓。整个"地温异常带"长约 15 千米，面积约 10.6 万平方米。

　　夏天到来时，"地温异常带"的地下温度开始逐渐下降。在气温高达 30℃的盛夏，这里地下一米深处，温度竟为 −12℃，达到了滴水成冰的程度。

　　入秋后，这里的气温开始逐渐上升。在隆冬降临、朔风凛冽的时候，"地温异常带"却是热气腾腾。人们在山冈可以看到，虽然大地已经封冻，但是种在这里的角瓜却依然是蔓叶壮肥，周围的小草也还是绿色的。人们在这个地方平整了

● "地温异常带"盛夏千里冰封，堪称人间奇观。

●隆冬翠林清溪，特殊的地质构造形成了似在自然规律之外的奇景。

一块地，在上面盖上塑料棚，在棚里种上大葱、大蒜，蒜苗已割了两茬，大葱长得翠绿。经过测定，发现在这个棚里的气温可保持 17℃，地温保持 15℃。在这小冈上，整个冬春始终存不住雪。

还有一个具有这种特性的地方，是在河南林州石板岩乡西北部的太行山半腰一个海拔 1500 米叫"冰冰背"的地方。在这里，阳春三月开始结冰，冰期长达 5 个月；寒冬腊月，却又热浪滚滚，从乱石下溢出的泉水温暖宜人，小溪两岸奇花异草，鲜艳嫩绿。

人们知道，自然界的气温变化取决于太阳的光热，随着地球的公转，当它和太阳距离缩短时，太阳辐射给地球的热能就会增加，使地球变热、变暖。反过来，地球就变凉、变冷。这样就形成了春夏秋冬。而这些奇异的土地却打破了这一自然规律，出现了神奇的现象，这引起了很多科研人员的注意。他们中有些人认为，这里的地下有寒热两条储气带同时释放气流，遇寒则出热气，遇热则出冷气。他们还认为，在这种冷热异常的地带，它的地下可能有庞大的储气结构和特殊的保温层，在这特殊的地质构造之中产生的大气对流导致了这奇异的现象。还有人认为，这个地下庞大的储气带的上面带有一特殊的阀门，冬春自动开闭，从而导致这种现象的产生。但这些分析只是推论而已，这地温异常带到底是如何形成的呢？这里的地质结构有什么与众不同？还需要科学工作者经过进一步考证。

诡秘幽灵岛

西方人酷爱航海，而历来航海史上怪事多多。在斯匹次培根群岛以北的地平线上，1707年英国船长朱利叶斯发现了陆地，但这块陆地始终无法接近，然而值得肯定的是，这块陆地不是光学错觉，于是他便将"陆地"标在海图上。200年后，乘"叶尔玛克"号破冰船到北极考察的海军上将玛卡洛夫与他的考察队员们再次发现了一片陆地，而且正是朱利叶斯当年所见到的那块陆地。航海家沃尔斯列依在1925年经过该地区时，也发现过这个岛屿的轮廓。但科学家们在1928年前去考察时，在此地区却没有发现任何岛屿。

一艘意大利船在1831年7月10日途经西西里岛附近时，船长突然发现在东经12°42′15″、北纬37°1′30″的海面上海水沸腾起来，一股直径大约200米、高20多米的水柱喷涌而出，水柱刹那间变成了一团500多米高的烟柱，并在整个海面上扩散开来。船长及船员们从未见过如此景观，被惊得目瞪口呆。当这只船在8天以后返航时，发现一个冒烟的小岛竟出现在眼前。许多红褐色的多孔浮石和大量的死鱼漂浮在四周的海水中，一座小岛在浓烟和沸水中诞生了。而且在随后10多天里不断地伸展扩张，周长扩展到4.8千米，高度也由原来的4米长到了60多米。由于这个小岛诞生在突尼斯海峡里，这里航运繁忙，地理位置重要，因此马上引起了各国的注意，大量的科学家前往考察。但奇怪的事情发生了，正当人们忙于绘制海图、测量、命名并多方确定其民用、军事价值时，小岛却突然开始缩小。到9月29日，在小岛生成后一个多月，它已经缩小了87.5%；又过了两个月，海面上已无法再找到小岛的踪迹，该岛已完全消失。

类似的事情也发生在大西洋北部。有一座盛产海豹的小岛，它是100多年前由英国探险家德克尔斯蒂发现的，它也因此被命名为德克尔斯蒂岛。大批的捕捉者来到了这个盛产海豹的岛上，并建立了修船厂和营地，但此岛却在1954年夏季突然失踪了。大量的侦察机、军舰前来寻找均无结果。事隔8个月以后，一艘美国潜水艇在北大西洋巡逻，突然发现一座岛屿出现在航道上，而航海图上却从来没有标示过这样一个岛屿。潜水艇艇长罗克托尔上校经常在这一带海域航行，发现此岛后大为震惊，罗克托尔上校通过潜望镜发现岛上有人居住，有炊烟，于是

●随着地球内部板块运动的变化，海上岛屿便有了出现与消失的可能。

●人们正在寻找幽灵岛。

命令潜水艇靠岸登陆。经过询问岛上的居民才知道，这正是 8 个月前失踪的德克尔斯蒂岛。

类似的怪事还有很多，科学家们称这种行踪诡秘、忽隐忽现的岛屿为"幽灵岛"。它们不同于那种热带河流上常见的，由于涨水或暴风雨冲走部分河岸或沼泽地而形成的漂浮岛。那么，幽灵岛是怎样形成的呢？这种时隐时现的小岛究竟是从何而来，又因何而去的呢？这成为世界海洋科学家们的热门话题。

法国科学家对这类来去匆匆的"幽灵岛"的成因作了如下解释，由于撒哈拉沙漠之下有巨大的暗河流入大洋，巨量沙土在海底迅速堆积增高，直至升出海面，因此临时的沙岛便这样形成了。然而，暗河水会出现越堵越汹涌的情况，并会冲击沙岛，使之迅速被冲垮，并最终被水流推到大洋的远处。

美国的海洋地质学家京利·高罗尔教授却提出了完全不同的观点。他认为海洋上的"幽灵岛"的基础是花岗岩石，而并非是由泥沙堆积而成。它形成的年代久远，岛上有茂盛的植物和动物群，是汹涌的暗河流冲击不垮的。那么"幽灵岛"为什么会突然消失呢？他认为"幽灵岛"出现的海域是地震频繁活动的地区，海底强烈的海啸和地震使它们葬身海底。高罗尔教授还认为，如果太平洋西北部的海底板块产生强烈的大地震使之大分裂的话，日本本州、九州也同样会遭到和"幽灵岛"同样的命运，会沉没在碧波万顷的大海之中，而且他认为自己并非是在危

●神秘莫测、沉浮无常的海岛

言耸听。

　　另有学者认为，这不过是聚集在浅滩和暗礁的积冰，还有人推测这些"幽灵岛"是由古生的冰构成，后来最终被大海所"消灭"。多数地质学家则认为是海底火山喷发的作用形成此类小岛。他们认为，有许多活火山在海洋的底部，当这些火山喷发时，喷出来的熔岩和碎屑物质在海底冷却、堆积、凝固起来；随着喷发物质不断增多，堆积物多得高出海面的时候，新的岛屿便形成了。有的学者认为，小岛的消失是因为火山岩浆在喷出熔岩后，基底与海底基岩的连接不够坚固，在海流的不断冲刷下，新岛屿自根部折断，最后消失了。有的学者认为，可能在海底又发生了一次猛烈的爆炸，使形成不久的岛屿被摧毁。还有学者认为，是火山活动引起地壳在同一地点下沉，使小岛最终陷落。

●深海里往往存在巨大的暗流，大量物质被其吞食。

　　以上观点虽然各有各的道理，但都不能说明为什么有些小岛会一而再、再而三地"耍把戏"，为什么它们在同一地点突现、消失、再突现、再消失，而与其邻近的海域却没有异常现象发生。到底是什么所为呢？这是一个难以解开的谜团，始终困惑着科学家。

沙漠中的"魔鬼城"

这是一个杳无人烟却又热闹非凡的"城市"。当晴空万里、微风吹拂时，人们在城堡漫步，耳边能听到一阵阵从远处飘来的美妙乐曲，仿佛千万只风铃在随风摇动，又宛如千万根琴弦在轻弹。可是旋风一起，飞沙走石，天昏地暗，那美妙的乐曲顿时变成了各种怪叫：像驴叫、马嘶、虎啸……又像是身边婴儿的啼哭、女人的尖笑；继而又像处在闹市中：叫卖声、吆喝声、吵架声不绝于耳；接着狂风骤起，黑云压顶，鬼哭狼嚎，四处迷离……城堡被笼罩在一片蒙蒙的昏暗中。这里，就是新疆著名的"魔鬼城"，究竟是谁建造了它？那无数奇异的声音又是从哪儿来的呢？

科学家在经过实地考察后，提出了一个新观点——"风成说"。实际上"魔鬼城"就是一个"风都城"，并没有什么鬼怪在兴风作浪，而是肆虐的风在中间发挥着作用。"魔鬼城"的种种现象都可以由地球科学的"风蚀地貌"来解释。在气流的作用下，狂风将地面上的沙粒吹起，不断冲击、摩擦着岩石，于是各种软硬不同的岩石在风的作用下便被雕琢成各种各样奇怪的形状。

"魔鬼城"的地层是古生代的沉积岩，经过漫长岁月的积累，一层又一层相叠而成，厚薄不一，松实结合的岩层，再加上这里地处干燥少雨的沙漠气候，经

● "魔鬼城"岩石

过太阳的烧烤，大地在白天时一片灼热。而气温又会在晚上骤然下降，冷热变化十分剧烈。在热胀冷缩的作用下，岩石会碎裂成许多裂缝和孔道。沙漠地区的风面对着准噶尔盆地老风口，再加上常年受到从中亚沙漠地区而来的西北风的影响，这些风最大的风力可达10～12级，风力极强。夹带着大量砂粒的狂风扑打在岩石上，长年累月地对那些有软有硬的岩壁进行侵蚀，这样那些岩石也就被雕琢得十分精致而且神奇。

但是，经过实地考察，雕琢"魔鬼城"的伟大工程师绝不止有"风"，还有"雨"，即流水的侵蚀、切割。是不是"风吹雨打"就足够了呢？不！这还不够。因为"风"和"雨"只是条件，是外因；还缺少物质基础即内因。这个内因就是岩石，而"魔鬼城"里恰好分布着形态各异的山岩，且大多裸露在地面上。有的像飞檐斗拱的亭台楼榭；有的像纪念塔、金字塔；而那些好似耸立的"城垛"和起伏不平的"雉堞"更像历史久远的城堡，虽久经风化，还可依稀辨认。坍塌的断壁，巍峨的石柱，错落的街巷，曲折幽深，仿佛是一座深不见底的迷宫。那些涂着淡红褐色的房屋、碑石、暗堡更是给城堡增添了一种神秘莫测、扑朔迷离的色彩。岩壁中间是蜿蜒盘绕、坎坷不平的通道，其迂回曲折的形态如同现实中的马路一样。许多岩石久经风化，如同人像，又如珍禽异兽一般，栩栩如生。而且这些岩石都水平叠置，保证了岩层虽经风吹雨淋而没有土崩瓦解。

看来，"魔鬼城"的建造者不是风、雨、石等个别的因素，当然更不可能是魔鬼，而是多种因素共同作用的结果。"魔鬼城"里的"魔鬼"终于被科学家们找了出来，人们再也不必为此担惊受怕了。

●令人叹为观止的"魔鬼城"雅丹地貌

百慕大神秘三角区

百慕大三角区位于北大西洋西部，是由 7 个大岛和大约 150 个小岛以及一些礁群组成的群岛。它在科技发达的今天仍然是神秘莫测的海域，在这里先进的仪器都会失灵，而人员一旦遇险则没有生还的可能。这里被称为"魔鬼三角"，是令人恐怖的神秘之所。

在百慕大三角区船只遇险的可怕情况在 500 年前就已经出现了。哥伦布于 1502 年第四次去美洲时，在进入百慕大三角区后，巨大的风暴袭击了他的船队。那种可怕的情景给哥伦布留下了深刻的印象，他把当时的情况告诉了西班牙国王：

"浪涛翻卷，连续八九天，我两眼见不到太阳和星辰……我这辈子见过各种风暴，可是从来没有遇到过时间这么长、这么狂烈的风暴。"

17 世纪，海盗袭击曾一度成为船舶神秘失踪的原因，可是岸上从来没有发现过船员的尸体和船只的残片。到了 19 世纪，海盗几乎绝迹，可是船舶失踪的事件依然不断发生。

● 百慕大三角区神秘恐怖的海上巨型旋涡

1925 年 4 月 18 日，日本货船"来福丸"号从波士顿出港。不久，北面出现了低气压，为了进入平静的海区，船员把罗盘刻度向南回转，经过百慕大群岛海域。然而不久，这艘船就下落不明了，船与船员都消失得无影无踪。19000 吨的大船——美国海军运输船"赛克

●研究人员对在百慕大地区失事的飞机与船只进行探测和打捞，但收效甚微。

鲁普"号同样经历了这样的灾难，它连同 309 名乘员，消失在百慕大三角区……

此后大量的飞机在飞经这一海域时，也经常发生仪器失灵、飞机及人员神秘失踪的事件。

1948 年 1 月 29 日，百慕大机场的控制塔突然收到英国一架从伦敦飞往百慕大三角区的客机的紧急求救。这架飞机请求帮助指明航向，在控制塔做出指示之前，飞机上的 26 名乘客连同飞机全部消失得无影无踪。

1949 年 1 月，另一架英国飞机，在飞往牙买加的途中纵贯百慕大三角区时，也遭到了同样的命运。而美国一架水上飞机在 1956 年经过百慕大三角区时也神秘消失。

1963 年 8 月 23 日，美国从佛罗里达州的霍姆斯特德基地起飞的两架喷气式空中加油机，在清晰地与指挥塔联络以后便消失了踪影；随后又有两架巨型引擎飞机也仿佛

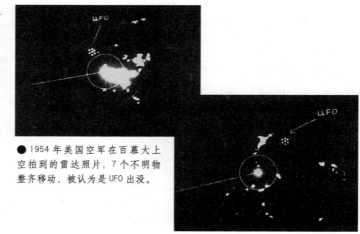

● 1954 年美国空军在百慕大上空拍到的雷达照片，7 个不明物整齐移动，被认为是 UFO 出没。

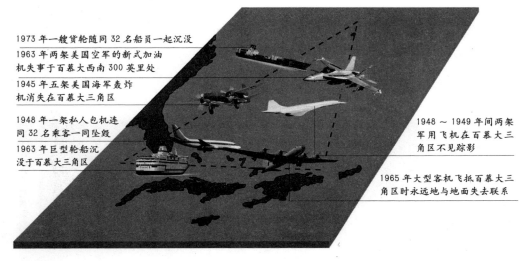

1973 年一艘货轮随同 32 名船员一起沉没

1963 年两架美国空军的新式加油机失事于百慕大西南 300 英里处

1945 年五架美国海军轰炸机消失在百慕大三角区

1948 年一架私人包机连同 32 名乘客一同坠毁

1963 年巨型轮船沉没于百慕大三角区

1948 ～ 1949 年间两架军用飞机在百慕大三角区不见踪影

1965 年大型客机飞抵百慕大三角区时永远地与地面失去联系

●不祥之海

大约有 1000 名飞行员、水手和乘客在 100 多种不同的飞机或船只失事中消失在百慕大。

在空中融化了。

1965 年 6 月，一架美国 C－119 运输机飞向巴哈马群岛，也是从霍姆斯特德基地起飞离陆以后，只飞了 160 千米，就谜一样地失踪了……

1967 年 2 月 2 日，美国一架从佛罗里达机场飞向波多黎各的飞机，在空中与机场的联络良好，机组人员预计下午 3 时到达波多黎各。但后来空中突然没有了电波，飞机再也没能降落。

令人百思不得其解的是，救援者在出事现场既没有看到舰船、飞机的残骸，也看不到遇难者的尸体。更神秘的是，一些失踪的船只在许久之后竟重新在此海域出现，可船上却没有一个人影。为了找出百慕大三角区的神秘事件的原因，专家们从不同角度加以探测。

一些人认为百慕大三角区的怪异现象是"虚幻之谜"。美国科学家拉里·库什利用大量可靠的原始资料进行了广泛深入的研究，他说早在 16 世纪哥伦布探险时期就有记载的发生在百慕大三角区的这些奇异现象大多是由于狂浪、飓风、海啸等自然灾害造成的。很多研究百慕大的学者在研究这些空难或海难时没有重视它，甚至有意或无意地删去这些情节，这完全出于猎奇心理，甚至有些人为了吸引别人注意还把发生在其他地方的空难、海难事故说成是在百慕大三角区发生的。最后，拉里·库什呼吁："再也没有任何相信有超出科学可知性范围的事，会比相信百慕大三角区之谜更为糟糕的了。百慕大三角区是最典型的伪科学、超科学、

●失踪的中队
代号 28 的美国鱼雷轰炸机全体机组人员于 1945 年执行任务时消失在百慕大三角海域。

科学幻想和宣传上的胡作非为。"

但更多的人并不否认百慕大的神秘。苏联科学家最早提出海底水文地壳运动说。他们认为，由于百慕大海域的洋流因其极为复杂的海底地貌而纵横交叉、变幻莫测，多个巨大的旋涡流在这里形成，后来美国科学家又进一步证实了这种观点。他们认为，百慕大海域的巨大旋涡在阳光照耀下产生极高的温度，船舰沉没、飞机爆炸就是因此而造成的。次声波地磁引力说是第二种主要观点。苏联地球物理学家 B.B. 舒列金在 20 世纪 30 年代提出，海浪产生的次声波可以解释百慕大三角区的神秘现象。他认为，在发生地震、风暴、火山爆发等自然灾害的同时，次声波也随之震荡，这种次声波人耳无法听到，但是却具有十分巨大的破坏力。处在振荡频率约为 6 赫的环境中，人便会感觉极度疲劳，随后又出现本能的恐惧和焦躁不安；而处在频率为 7 赫的环境中时，人的心脏和神经系统陷入瘫痪。次声波在百慕大三角这个区域十分活跃，它可能就是导致种种惨剧发生的罪魁祸首。此外，一些人还把百慕大三角区同"时空隧道"、外星人基地等联系起来，这些无疑又给百慕大三角区蒙上了更加神秘的色彩。

神秘的南极"无雪干谷"

南极是人类最少涉足的大洲，在那里还有许多现象人们无法解释，"无雪干谷"就是其中最神秘的一个。

总面积达 1400 万平方千米的南极大陆，大部分被冰雪覆盖，从高空俯瞰，南极大陆是一个中部高四周低、形状极像锅盖的高原。这个被形象地称为冰盖的冰层，平均厚度为 2000 米，最厚的地方可达 4800 米。大陆的冰盖与周围海洋中的海冰在冬季连为一体，形成一个总面积超过非洲大陆的白色冰原，这时它的面积要超过 3300 万平方千米。

在南极洲麦克默多湾的东北部，有三个相连的谷地：维多利亚谷、赖特谷、地拉谷。这段谷地周围是被冰雪覆盖的山岭，但奇怪的是谷地中却异常干燥，

●罗斯像
19 世纪，探险家罗斯在其三年的南极航行中，除发现了以他名字命名的罗斯冰架外，也对"无雪干谷"进行了探测。

既无冰雪，也少有降水，到处都是裸露的岩石和一堆堆海豹等海兽的骨骸，这里便是"无雪干谷"。走进这里的人都感到一种死亡的气息，于是它又被称为"死亡之谷"。

当科学家探测至此，他们对于岩石边的兽骨百思不得其解。最近的海岸离这里也得有数十千米，而远一点的海岸则要有上百千米。习惯于在海岸旁边生活的海豹一般情况下不会离开海岸跑这么远，可这些海豹偏偏违背了通常的生活习性来到这里。那么，海豹为什么要远离海岸爬到"无雪干谷"呢？

一些科学家认为，这些海豹来到这里是因为在海岸上迷失了方向。在这个没有冰雪的无雪干谷地区，海豹因为缺少可以饮用的水，力气耗尽而没能爬出谷地，最后干渴而死，变成了一堆堆白骨。

由于存在着鲸类自杀的现象，还有一些科学家认为这些海豹跑到无雪干谷地区就像鲸类一样是自杀。可是并没有充足的理由证明这是海豹自杀，因而有些科学家认为，这些海豹可能是受到了什么惊吓，在什么东西的驱赶下才到了这里。那么海豹在过去的年代里到底是惧怕什么而慌不择路呢？又是一种什么样的东西

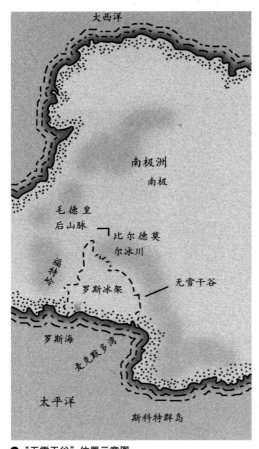

● "无雪干谷"位置示意图

将它们驱赶到这里呢？这真令人费解。

除了神秘的兽骨，"无雪干谷"还有许多让人无法解释的景观。

新西兰在这个"无雪干谷"的腹地建立起一座考察站，并根据考察站的名字，把考察站旁边的一个湖取名为"范达湖"。一些日本的科学家在1960年实地考察了"无雪干谷"的范达湖，奇异的水温现象使他们感到惊讶，水温在三四米厚的冰层下是0℃左右，水温在15米～16米深的地方升到了7.7℃，到了40米以下，水温竟然跟温带地区海水的温度相当，达到了25℃。科学家们对范达湖这种深度越深水温越高的奇怪现象兴奋不已，纷纷来到这里进行考察。

日本、美国、英国、新西兰等国的考察队从各个角度对这一疑团加以解释，争论不休。其中有两种学说颇为盛行，一种是地热说，一种是太阳辐射说。

坚持地热说的科学家们提出这样的观点：罗斯海与范达湖相距50千米，在罗斯海附近有默尔本灿和埃里伯斯两座活火山。前者是一座正处于休眠期的活火山，后者至今仍在喷发。这表明这一带的岩浆活动剧烈，因此会产生很高的地热。在地热的作用下，范达湖就会产生水温上冷下热的现象，然而有很多证据却表明，在"无雪干谷"地区并没有任何地热活动。这一观点并不足以解释上述现象。

坚持太阳辐射说的专家们则认为，在长期的太阳照射下，范达湖积蓄了大量的辐射能。当夏天到来时，强烈的阳光透过冰层和湖水，把湖底、湖壁烘暖了。湖底层的咸水吸收、积蓄了大量剩余阳光中的辐射能，而湖面的冰层则是很好的隔离屏障，阻止了湖内热量的散发，产生一种温室效应。南极热水湖含有丰富的能有效蓄积太阳能的盐溶液，这就是范达湖的温度上冷下热的原因。但有许多人并不同意此种说法。他们认为：南极夏季日照时间虽长，但很少有晴天，因此地面能够吸收到太阳的辐射能很少,再说又有90%以上的辐射能被冰面反射。另外,暖水下沉后必然使整个水层的水温升高,而不可能仅仅使底层的水温升高。这样一来,太阳辐射说的理论似乎又站不住脚了。

美国学者威尔逊和日本学者鸟居铁经过多年的研究,提出了新的论点:虽然南极的夏季少晴天,致使地表只能吸收很少的太阳辐射,但是透明的冰层对太阳光有一定的透射率。这样,靠近表层的冰层会或多或少获得太阳辐射的能量。此外,冬季凛冽的大风会将这一地区的积雪层吹得很薄,而每到夏季,裸露的岩石又使地表能够吸收充足的热量。日积月累,湖水表层及冰层下的温度便有所上升,最后到了融化的程度。由于底层盐度较高,密度较大,底层不会上升,结果就使高温的特性保留下来。同时,在冬天时表层水有失热现象,底层水则由于上层水层的保护,失热较少,因而可以保持特别高的水温。据一些科学家的观测记录显示,此说法还是有一定说服力的。

在"无雪干谷"地区范达湖的秘密还没有被最后破解时,探索者们又发现了另一个无法解释的现象。

从范达湖往西10千米的地方,有一个叫"汤潘湖"的小湖泊。这个小湖即使在 -50℃的时候都不会结冰,真是太奇怪了。汤潘湖的直径约数百米,且湖深只有30厘米。汤潘湖的湖水盐度非常高,如果把一杯湖水泼到地上,很快就会在地

●被冰雪覆盖的南极洲

● "无雪干谷"因其神秘而独具魅力。

面上析出一层薄薄的盐。科学家们对汤潘湖进行了仔细深入的探究，发现湖水就是到了 -57℃ 的时候也不会结冰。这可真是一个名副其实的"不冻湖"。

汤潘湖的湖水为什么不会结冰呢？有人说湖水之所以不结冰，是由于湖里的盐分较高造成的。有人则分析说，汤潘湖在极低的温度下不结冰，除湖水中较高的盐度之外，可能还有另外一个原因，那就是周围的地热的作用。

"无雪干谷"、上冷下热的范达湖、常年不结冰的汤潘湖……这一个个难以解释的现象为南极披上了一层层神秘的面纱，吸引着各国探索者的目光，也仿佛在告诉人类，征服自然之路任重而道远，但却其乐无穷。

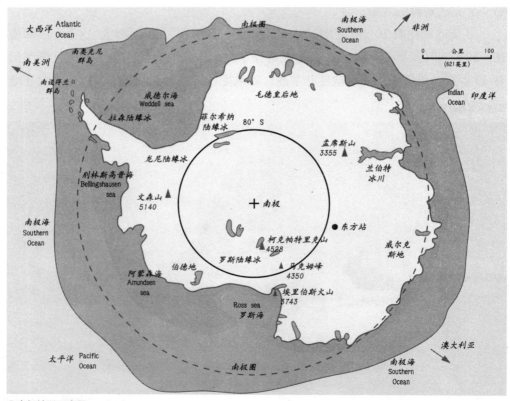

●南极地形示意图

建筑奇迹

闻名世界的埃及金字塔

　　小时候用积木搭起一座座"宫殿"的时候，你有没想过要把它搭成一座高达数百米的巨大建筑？如果让你用每块重达数十上百吨的巨石来搭建它，你又会怎么做呢？

　　在北非埃及的尼罗河畔散落着 80 多座金字塔，成为世界八大奇迹之一。胡夫金字塔是其中最高的一座，金字塔用巨石砌成，石块之间不用任何粘着物，而是由石块与石块相互叠积而成，人们甚至很难将一把锋利的刀片插入石块之间的缝隙，金字塔到现在已经历了近 5000 年的风风雨雨，至今它仍傲视长空，巍峨壮观，令人赞叹！

●吉萨的三座金字塔

那么，金字塔是怎样建造的呢？这一问题曾引起了许多学者研究的兴趣，但他们的说法不大一样。

一般认为是这样建造的：首先采石，工匠们把加工过的平整光滑的巨石用人或牛拉的木橇运往现场。由于木橇运行需一条平坦的道路，这就需要先修路，据估计仅这项工程就花去了将近 10 年的时间。可

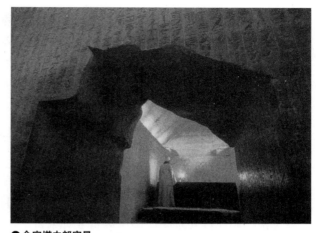
●金字塔内部实景

是，他们又是如何把一块块巨石一直垒到百米以上的高度呢？据传，工匠们先把地面一层砌好，然后堆起一个与第一层一样高的土坡，这样，就可以沿着土坡把石块拉上第二层。以此类推，等到塔建成后，再将土坡移走，让金字塔显露出来。在技术非常落后的古代，进行这样巨大的工程是异常艰苦的。这些金字塔的建成，充分显示出建造者已经掌握了相当丰富的物理学和数学知识，表现了古代埃及劳动人民的聪明才智。

对于埃及人建造金字塔的巨石是用天然石块加工而成，还是另有别的制法，有专家对此作了深入研究。法国化学家戴维杜维斯认为，建造金字塔的巨石不是天然的石块，而是人工浇注而成的。为此，这位科学家进行了一些试验，他对从金字塔上取下的小石逐个加以化验，化验结果表明，这些石块是由人工浇注的贝壳石灰矿组成。他又据此推测，当时埃及工匠建造金字塔时，很有可能先把搅拌好的混凝土装进筐里，再抬上正在建造中的金字塔。另外，他还在石块中发现一缕大约有 2.5 厘米长的头发。这缕头发很可能就是古埃及人辛勤劳动的见证。他的这一见解吸引了世界学术文化界的广泛注意。

为了揭开披在金字塔身上的神秘的面纱，1978 年 3 月，日本早稻田大学古代埃及调查室组织了一支考古实验队，采用模拟古代埃及人造塔的方法，在古塔的前面建造了一座新塔，其规模相当于原塔的 1/4。首先是如何采石。实验队先在石面上凿出连成点线的小孔，然后打进木楔子，通过不断敲击直至产生裂缝。至今在阿斯旺采石场上，还可找到残留有木楔子痕迹而未切割下来的石料。由此可见，这个办法可能与当年的方法相符合。石块又如何搬到现场呢？他们以木橇载着石

块，用人力牵引，慢慢运至工地。最后，实验证实了古埃及人在没有现代化机械起重设备的条件下，仍然可以把一块块巨石砌上去，直至墓室最上一层的三角形尖顶。这个实验向人们揭示出古埃及人正是建造金字塔的真正主人。

作为法老陵墓的金字塔，不仅其建造方法令人称奇，它的神秘力量更令人费解。据说，这种神秘之力作用于人体或物体，会产生某种神奇的结果。那么这种力量是什么？又是从哪来的呢？有什么作用呢？目前世界上已有许多科学家对这些问题进行了探索。

法国人鲍比是最早发现金字塔具有神秘之力的。鲍比进入大金字塔里考察时，发现塔内温度十分高，但残留于塔内的生物遗体却并不腐烂变质，反而脱水变干，保存久远。鲍比据此推断塔内可能有某种不可思议的力量在起作用。

意大利的学者还发现如果人长时间在塔内逗留，会精神失调，意识模糊。为了证实这一点，有人在胡夫金字塔里睡了一宿，第二天早晨果然头脑发昏不能清醒过来，幸而被人救出。不少游客到塔内参观游览，时间一长，也有这种感觉。学者们认为这就是所谓神秘之力在发生作用。防腐和麻醉可能就是这种力量所带来的效应。

●萨卡拉的七层阶梯金字塔
埃及最古老的金字塔，它矗立在开罗以南辽阔的沙漠中，是杰塞尔国王的虚荣奢华和他手下的总建筑师伊姆荷太普聪明才智的结晶。

● 5000年前埃及人以非凡的智慧建造了金字塔，5000年后的人们仍在探究它的神秘力量。

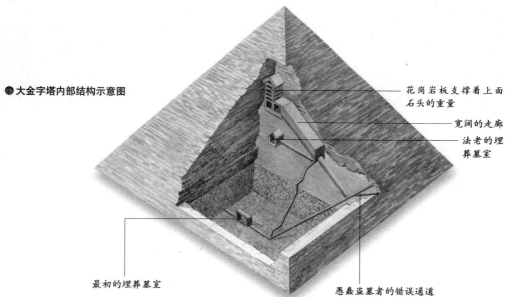

● 大金字塔内部结构示意图

花岗岩板支撑着上面石头的重量

宽阔的走廊

法老的埋葬墓室

最初的埋葬墓室

愚蠢盗墓者的错误通道

　　鲍比用薄木板裁成底边为1米的三角形，把4块三角形的薄板拼起来组成一个金字塔模型，然后把动物的内脏、加工过的肉和生鸡肉等放入模型内部，几天后拿出来一看，并未腐烂，依然新鲜。

　　鲍比的模型实验进一步引起了各国学者对此的兴趣。后来美国的研究人员又做了一项模型实验。他们把1000克牛肉分成两份，每500克为一份，一份放在自制的金字塔模型之内，另一份放在模型之外进行对照实验。在同样的室温条件下，放在模型内的牛肉5天后完全脱水，变成了牛肉干。而放在模型外的牛肉，不到4天，就腐烂发臭了。

●拉美西斯神殿正面的巨像

接着，日本的研究人员也做了几项对比实验。他们把同样的牛奶分装两杯，自制的金字塔模型之内放一杯，另一杯放在模型之外，经过 50 小时，模型内的那杯牛奶变得像奶酪一样干硬，但未变质，而在模型外的那杯牛奶已经变质了。

在临床医学方面是否适用金字塔力呢？对此，美国牙科医师派力司·盖费斯博士也做过一项实验，他把铝合金板块制成了 72 个小型金字塔模型，挂在自己诊疗所的天棚上，在这些模型下边给牙病患者做手术，效果比较显著，患者说疼痛比以前减轻，术后恢复也加快了。美国盖费斯博士把这研究成果写成学术报告，发表在《齿科学术》杂志上，指出可能是金字塔力的防腐保鲜效应对牙科手术的成功起了一定作用。

但是，尽管科学家们做了如此多的对比实验，也只能说他们对神秘之力的现象有了更多的了解。至于"金字塔之力"的形成原因，至今也没有人能做出科学合理的解释。

传达法老威严的狮身人面像

在埃及的尼罗河畔，除了众所周知的金字塔外，还屹立着一座巨人——狮身人面像。它从埃及向东方凝视，面容阴沉忧郁，既似昏睡又似清醒，蕴含着一股雄壮的气势，给人以神秘的遐想。多少年过去了，经过几千年的风吹日晒雨淋，一切都在变化之中，然而狮身人面像却一直默默地守护在尼罗河畔，似乎在捍卫着什

●夜幕下的狮身人面像及卡夫拉金字塔

么，守望着什么。然而又是谁建造了它，保护了它，为它除沙除尘呢？

有种意见认为，狮身人面像在埃及"古王国"时期建成，是由第四王朝的法老卡夫拉（公元前 2520～前 2494）建成的。这是传统历史学观点，它出现在所有埃及学标准教科书、大百科全书、考古杂志和常见的科学文献中。这些文献都表示，狮身人面像的面部是按照卡夫拉本人的模样来雕刻的——也可以说，卡夫拉国王的脸就是狮身人面像的面孔，这一点已被认为是历史事实了。比如，闻名世界的考古专家爱德华兹博士就说过，狮身人面像的面部虽已严重损坏，"但依然让人觉得它是卡夫拉的肖像，而不单只是代表卡夫拉的一种象征形式"。

他们之所以这样说，根据之一乃是竖立在狮身人面像两前爪之间的一块花岗岩石碑上刻着一个音节——khaf。这个音节被认为是卡夫拉建造狮身人面像的证据。这块石碑与狮身人面像并不是同时出现，而是对图特摩斯四世法老（公元前 1401～前 1391）功德的纪念。这位法老把即将埋住狮身人面像的沙土彻底清洗干净了。这块石碑的碑文说狮身人面像代表了"自始至终存在于此的无上魔力"。碑文的第 13 行出现了卡夫拉这个名字的前面一个音节 khaf。按照瓦里斯·巴杰爵士的说法，这个音节的出现"非常重要，它说明建议图特摩斯法老给狮身人面像清除沙土的赫里奥波利斯祭司认为狮身人面像是由卡夫拉国王塑造的……"。

然而仅仅根据一个音节，我们就能断定卡夫拉建造了狮身人面像吗？1905 年，

●人们通常认为狮身人面像是用来镇守法老陵墓的。

美国埃及学者詹姆斯·亨利·布莱斯提德，对托马斯·扬的摹真本进行了研究，却得出了与此相悖的结论。布莱斯提德说："托马斯·扬的摹真本提到卡夫拉国王的地方让人觉得，狮身人面像就是这位国王塑造的——这完全是没有事实根据的；摹真本上根本看不到古埃及碑刻上少不了的椭圆形图案……"

你也许会问什么是椭圆形图案。原来，在整个法老统治的文明时期，所有碑文上国王的名字总是包围在椭圆形的符号里面，或是用椭圆图案圈起来。所以，很难使人明白刻在狮身人面像两前爪之间的花冈岩石碑上的卡夫拉这位大人物的英名——实际上其他任何一位国王都不例外——怎么可以缺少椭圆图案。

再者，即使碑文第 13 行的那个音节指的就是卡夫拉，也不能说明是卡夫拉雕刻了狮身人面像。卡夫拉可能还因为其他功绩被怀念着。卡夫拉身后的许多位（或许其身前也有许多位）国王（如拉美西斯二世、图特摩斯四世、阿摩斯一世等等）都修复过狮身人面像，卡夫拉怎么就不可能是狮身人面像的修复者之一呢？

实际上，19 世纪末和 20 世纪开创埃及学的一大批资深学者都认为狮身人面像并不是由卡夫拉雕刻，这一说法才是合乎逻辑推理的。担任开罗博物馆古迹部主任的加斯东·马斯伯乐是那个时代最受人推崇的语言学家，也是认同这种观点的学者之一。他在 1900 年写道：

"狮身人面像石碑上第 13 行刻着卡夫拉的名字，名字前后与其他字是隔开的……我认为，这说明卡夫拉国王可能修复和清理过狮身人面像，这在某种程度上也证明了狮身人面像在卡夫拉生前已被风沙埋没过……千百年过去了，'斯芬克斯'仍然伫立在尼罗河畔，即使它的身上已经是千疮百孔，但对于敬仰它的人，膜拜它的人来说，这无损于它的形象。"

斜而不倒的意大利比萨斜塔

意大利比萨斜塔修建于 1173 年，由著名建筑师那诺·皮萨诺主持修建。它位于罗马式大教堂后面右侧，是比萨城的标志。开始时，塔高设计为 100 米左右，但动工五六年后，塔身从三层开始倾斜，直到完工还在持续倾斜，在其关闭之前，塔顶已南倾（即塔顶偏离垂直线）3.5 米。1990 年，意大利政府将其关闭，开始进行整修。2001 年 12 月 15 日起再次向游人开放。

在实际工作中，许多有关专家对比萨斜塔的全部历史以及塔的建筑材料、结构、地质、水源等方面进行充分的研究，并采用各种先进的仪器设备进行测试。比萨中古史学家皮洛迪教授研究后认为，建造塔身的每一块石砖都是一块石雕佳品，石砖与石砖间的黏合极为巧妙，有效地防止了塔身倾斜引起的断裂，成为斜塔斜而不倒的一个因素。但他仍强调指出，当务之急是弄清比萨斜塔斜而不倒的奥妙。

从事观测该塔的专家盖里教授根据比萨斜塔近几年来倾斜的速度推测出，斜塔将于 250 年后因塔身的重心超出塔基外缘而倾倒。但是公共事务部比萨斜塔服务局的有关人员，针对盖里教授的看法提出了反驳，认为只按数学方式推算是不可靠的，比萨斜塔是"一个由多种事实交织成的综合性问题"。

当然，最关心斜塔命运的自然是比萨人，尽管他们也对斜塔的倾斜感到担忧，但更多的是骄傲和自豪，为自己的故乡拥有一个可与世界上著名建筑媲美的斜塔而感到自豪。他们坚信它不会倒下，他们有这样一句俗语：比萨塔像比萨人一样健壮结实，永远不会倒下去。他们对那些把斜塔重新纠正竖直的建议最为深恶痛绝。如 1934 年，在地基及四周喷入 90 吨水泥，实施基础防水工程，塔身反而更加不稳，向周围移动、倾斜得更快。

人们目前还难以预言比萨斜塔今后的命运，但仍感叹它斜而不倒的壮观景象。

●意大利比萨斜塔

蕴含太极文化的太极星象村

●中国古代的很多建筑都蕴含着太极文化，如浙江七星岩，也是依据太极图而建造的。

中国浙江省武义县西南20千米处有一个俞源村，这个看似平凡的小村子，实际上却蕴含了无穷的奥妙。村子三面环山，一条弯弯的峡谷坐落在村子的南面，一条S型的小溪从村中穿过，它正是奥妙的关键所在。

远远看去，那呈S型的小溪竟是一条阴阳界线，与周围山沿把整个村子勾勒成一个巨型太极图。而村子的布局更含玄机，村中那幢幢灰瓦白墙的古老建筑按天体星象来排列的，正合"天罡引二十八宿，黄道十二宫环绕"。难怪有到此采访的记者慨叹"此村只应天上有，为何下凡到人间"。

那么这座村子是谁建成的呢？传说此村的太极星象布局由明代开国功臣刘伯温设计指挥建造。如果仅是外人谣传倒未必可信，但据俞源村《俞姓宗谱》记载却是当真有此事。俞源村的俞涞（1307～1357）与刘伯温是同窗好友，因此刘伯温常到此村与友聊天，并应邀指点山水，而把村庄设计成星象、八卦布局。这个村子共有代表性的28幢明代古建筑，与二十八宿分布相对应，村四周有8座山头，加上村口巨型太极图（双鱼宫）构成天体黄道十二宫和七星塘（村内7口池塘），七星并呈北斗星状分布。俞氏宗祠正好位于天罡北斗的"斗"内。1974年河北宣化辽古砖墓出土的星象图与俞源村的布局惊人地相似。

这里可谓到处笼罩在浓重的太极文化的氛围之中。巷道、梁柱、墙壁和门窗、生活用品处处都有形态不一的星象图案。据清华大学建筑院陈志华等教授专家考证，此村现存明清古建筑达395幢之多。

中国的古人是十分相信风水一说的。不管是谁设计的太极村，其目的肯定是为了给这里带来更多的灵气，为这里的居民带来幸福。事实上，此村明清两朝出过达官贵人、著名文士260余人。这个村里的许多东西都带上了灵性。村口的参天古树历经千年风霜雨雪仍屹立不倒，"声远堂"桁条上的8条木雕鲤鱼会随季节变化而变色。这些神秘的现象至今都没能用科学来进行合理的解释。能否做出科学回答，有待于科学家的研究。

重见天日的古罗马庞贝城

在意大利半岛西南角坎佩尼地区有一座历史悠久的历史名城——庞贝城。它曾经是罗马富人寻欢作乐的胜地；它曾经是一座人口超过2.5万人的酒色之都；它也曾经是一座背山面海的避暑小城。然而在一夜之间，这一切都灰飞烟灭了。

公元79年8月24日这一天，维苏威火山突然醒过来了。突然之间，火山喷出的灼热岩浆遮天蔽日，四处飞溅；浓浓的黑烟，裹挟着滚烫的火山灰，铺天盖地地降落到庞贝城；令人窒息的硫黄味弥漫在空气中，弄得人头昏脑涨。很快，厚约5.6米的熔岩浆和火山灰就毫不犹豫地将庞贝城从地球上抹掉了。

1748年，一位当地的农民偶然发现了埋葬于地下1000多年的庞贝城。即使到今天，庞贝城也只有3/5被考古学家们发掘出来，仍有许多死难者、器具和建筑物被深深地掩埋在地下，尽管如此，富丽堂皇的庞贝城也使人们产生无限遐想。

庞贝城占地面积1.8平方千米，用石头砌建的城墙周长4.8千米，有塔楼14座，城门7个，蔚为壮观。纵横的4条石铺大街组成一个"井"字形，全城被分割成9区，每个城区又有很多大街小巷相通，金属车轮在大街上辗出了深深的车辙，历历在目，仿佛马车刚刚驶过一般。

在大街的十字路口都设有高近1米、长约2米的石头水槽，用来向市民供水。那么水槽里的水又是从哪里引来的呢？原来水槽与城里的水塔相通。水塔的水则是通过砖石砌成的渡槽从城外高山上引进来的，然后分流到各个十字路口的公共水槽中，这个系统也为贵族富商庭院的喷泉和鱼池供水。

庞贝城里还有3座大型剧场，其中最大的一座剧场位于城东南，建于公元前70年，可容纳观众2万人，也可以当作角斗场，当年人与人、人与兽的角斗就曾在这里举行。

这座大型剧场的东侧还有一座近似正方形的圆形体育场，边长约130米，场地三边用圆柱长廊

●庞贝城曾是一座纸醉金迷、富丽堂皇的城市。

●庞贝城农牧神邸 公元1世纪

官殿般的农牧神邸（因中庭水池中的雕像——农牧神而命名）已成废墟，但仍不失宁静和宏伟。

围住，黄柱红瓦，金碧辉煌，场地正中是一个游泳池。这个体育场估计能容纳观众1万余名。

城西南有一个长方形广场，是全城政治、经济和宗教中心，四周建有官署、法庭、神庙和市场。

城市至少建有一座公共浴室，不但冷热浴、蒸气浴样样具备，还附有化妆室、按摩室，装修也十分到位，墙上还用石雕和壁画装饰着。

庞贝城遗址充分反映了古罗马社会的道德沦丧，一部分人沉溺于酒色，纸醉金迷，生活糜烂。庞贝城明显有两多：一是妓院多，二是酒馆多。不堪入目的春宫画画满了妓院的墙壁，各种淫荡的场画在墙壁上随处可见，城内酒店林立，店铺不是很大，酒垆与柜台都在门口，酒徒可以站在柜台外面喝酒，酒鬼们在一些酒店的墙壁上留下了信手涂鸦的歪诗邪文，至今依稀能够辨识出来。

比起埋在地下20～30米深且被新城覆盖的赫库兰尼姆，庞贝城埋在地下平均深度为3.6米，较易发掘，但要运走那么多的泥石，也不是一件容易的事。目前，整个庞贝遗址就是一座博物馆，用外墙围成，不准任何人居住，更不准车辆入内，而在遗址外围，逐渐形成了一座几万人的游览城市。

一座死城就在科学家们的努力下重见天日。它反映了古罗马时代城邦居民的日常生活，是一座世界少有的天然历史博物馆。

神秘消失的楼兰古城

　　在负有盛名的汉唐时代的丝绸之路上曾经有一座著名的楼兰古城。它的遗址位于塔里木盆地的东部，罗布泊洼地的西北边缘。司马迁在《史记》中也曾提到这座城市。这样看来，楼兰王国在当时已经是众所周知了，它在中西的经济、文化交流方面也起到了重要的桥梁作用。公元前77年，汉朝皇帝将楼兰的国名改为鄯善。

　　昔日绿草遍地，车来车往，门庭若市的繁荣古城楼兰，在公元4世纪以后，却突然神秘地消失了，留下的只是"城郭巍然，人物断绝"的不毛之地。现在，由于探险和考古发现不断进步，楼兰文明越来越清晰地展示在人们面前。

　　荟萃了东西方文明的楼兰古城最显著的特征是将多元民族、多元文化相互融合了起来。在宗教信仰和物质习俗方面也均表现出这种特点。

　　如1997年新疆文物考古所在尉犁县营盘古城附近发掘的一座汉晋墓地，出土文物包括汉晋的绢、绮、缣、丝绣、织金锦、汉代铁镜，这些物品都带有明显的中原风格，已发掘出了带有中亚风格的麻织面具、黄金冠饰、金耳环和金戒指等，还有来自波斯安息王朝的玻璃器皿和古希腊、罗马风格的毛纺织品，等等。可以说当时天下的宝物很多都聚集在这一座小小的墓地之中。

　　这种多元文化的格局正是塔克拉玛干沙漠文明赖以存在和发展的基础。塔克拉玛干沙漠文明从地域位置看处于各主要文明的边缘，似乎是一个"文化边缘地带"，而实际上却是各民族文化交流与展现的舞台，是各种文化聚集融合的场所。

　　楼兰古城出土的汉文木简

●楼兰古城遗址

●敦煌壁画中的丝绸之路商旅图

和文书内容比较丰富，主要是当地行政机构和驻军的各项公文及公私往来信件，从中不但可以看出楼兰城的军事力量和状况，和各屯区农业生产、水利与生活的一些情况，而且还可以了解到楼兰城内与居民日常生活有关的情形，如城内设有仓库、客馆和医院，有制造铁工具和兵器的手工业，有以谷物丝帛作价的商业活动。此外，文书还记录了一些有关城内居民与户口、法律等方面的情况。从某种意义上说，这些文书是当时楼兰文明在政治、经济、文化方面的真实写照。

然而，公元4世纪以后，这样一个绿草遍地、人口繁盛的绿洲却瞬间消失了。黄沙漫漫，盖住了曾经在这片土地上发生的一切。一望无际的沙漠代替了昔日的绿洲，只有丝绸之路上留下的斑斑白骨暗示着这曾经是一个商旅云集的贸易中转站。文明就这样突然中断了。那么，到底是什么力量造成了这一切呢？从楼兰古城出土的汉文简牍中可以知道，当时楼兰王国的农业生产每况愈下，又联想到楼兰处于沙漠之中，我们推测这可能是当时的自然环境发生了较大变化，水源日益不足，环境恶化，生态失衡，最终导致了楼兰文明的覆灭。楼兰人不得不放弃他们曾经坚守的故国，四处逃散，而文明也就消失了。

令人惊奇的土耳其地下城市

　　这个世界上有许多神奇而又古老的地方，土耳其的卡帕多基亚就是其中之一。它位于土耳其的格尔里默谷地，有许多奇形怪状的石堡，这一地貌是由火山熔岩硬化后形成的。真正使卡帕多基亚闻名世界的是这里地下城市的发现。

　　迄今为止，人们在这一地区发现了大约 36 座地下城市。其中并不是所有的都像卡伊马克彻或代林库尤附近的地下城市那么大，但都称得上是城市。现在人们已经描绘出了这些城市的俯视图。熟悉这一地带的人认为，地下城市的数量肯定比这要多。现在所发现的地下城市相互间都相通，以一系列地道连接在一起。连接卡伊马克彻和代林库尤的地道，足有 10 千米长。

　　令人惊奇的是地下城市确确实实存在着，可谁是建造者呢？它们是什么时候建成的？用途又是什么？对此，人们众说纷纭。当然也有人举出具体的史实加以考证。史实之一是，据记载在基督教早期，这一新生宗教的信徒为了寻找避难之地来到了此地。最早的一批大约在公元 2 世纪或 3 世纪，以后一直延续到拜占庭时期，也就是阿拉伯军队攻打坚固的君士坦丁堡（即今伊斯坦布尔）的时候。然而考古学家发现他们并不是真正的建造者，因为在他们到来之前地下城市就已存在。

　　这一带的地基是由凝灰岩构成的，因为附近就是火山群。只要有黑曜岩，即火石，地基就十分容易被凿空，而火山在这一地区十分常见。就这样，也许花了不过一代人的时间，地基就被掏空了。地下城市大多是超过 13 层的立体建筑。在最低的一层，人们甚至发现了闪米特时代的器物。

●地下城示意图
①地下街道 ②小教堂 ③通风井 ④箱式床 ⑤滚轮门

●凝灰岩石堡

　　问题是人们修建这些地下城市有什么用途？他们为什么要躲避在地下？一个最有可能的原因是由于对敌人的畏惧。谁会是敌人呢？

　　首先，假设地面上的敌人拥有军队，在地面上，他们肯定能看到耕种过的土地和没有人烟的房屋。而地下城市里建有厨房，炊烟将通过通气井冒出地面，很容易被敌人发觉。人们都知道要把待在鼠洞般的地下城市里的人们饿死或者封闭通气通道憋死是一件轻而易举的事。所以，人们恐惧的不是地面上的敌人，而是能飞行的敌人。这个猜测是否有道理呢？

　　当然有。根据闪米特人在他们的圣书《科布拉·纳克斯特》中的记载，我们知道所罗门大帝曾经利用一只飞行器把这一地区搞得鸡犬不宁。不仅他本人，他的儿子，所有服从他的人，也都曾乘坐过飞行器。阿拉伯历史学家阿里·玛斯乌迪曾描述过所罗门的飞行器，并大致介绍了他的部族。当时的人类对于飞行器现象产生恐惧，这是很有可能的。也许他们曾被剥削、奴役过，所以每当报警的呼喊响起来的时候，人们就纷纷逃进地下城市。当然这种说法也仅仅是一种推测。人们至今仍不知道土耳其地下城市的真正用途，但神秘的地下城市却引起人们更多的关注。

宏伟壮丽的"空中之城"

恐龙灭绝了，猛犸象消失了，它们留下了化石；印加人搬家了，他们留下一座空城：马丘比丘。

为寻找传说中"消失了的城市"，美国探索家海瑞姆·宾汉姆及其探险队于1911年6月24日来到了波涛汹涌的圣河——乌鲁班巴河峡谷，在云雾缭绕的山顶上，他们发现了已经被废弃了近一个世纪却依然雄伟壮丽的"空中之城"——马丘比丘这座神秘的古城。

古城位于印加帝国首都库斯科以北118千米处，名字取自它所在的山峰，字面意思是"老山峰"。它三面临河，一面靠着白雪皑皑的萨而坎太山，地势极为险要。

城中建筑极具宗教色彩，凡是磨制光滑、对缝严整的建筑均为神庙，且都配备三扇窗，缝与缝之间没有任何黏合物粘接，连最锋利的刀片也插不进去。墙上的每一块石头都像是在玩拼图一样被巧妙地连接起来，与其他的印加遗址的风格大相径庭。

"神圣广场"位于城市中央，一座巨大的日晷矗立在那儿，马丘比丘人通过它来测定时间。在古城的一端还有著名的太阳神庙和"拴日石"，印加人希望用拴日石永远留住他们心中至高无上的神——太阳——万物生命和希望的起源。

勤劳的马丘比丘人还在城堡对面的山峰上筑出一层层梯田，并在每一层开凿了引水渠，引来雪水浇灌农田，企望获得丰收。

拥有如此美丽而逍遥的空中之城，马丘比丘人却弃之而去，没有任何留恋，没有任何说明，到底是什么

●空中之城——马丘比丘城

●这一雄伟的门廊位于印加帝国太阳神庙的下面，周围的墙代表着印加多角建筑风格的最高成就。

原因呢？很多人认为是因为西班牙征服者的原因，可是，根据历史记载，当年侵略者的铁蹄并未能够踏向这里，并且，考古学家在研究中发现，早在 1533 年，西班牙人征服印加帝国之前，马丘比丘人就已经离开了这座美丽的"空中之城"。即使真的是因为西班牙人的入侵，想想印加帝国的雄厚实力，拥有万骑精锐的印加人，居然不敢和 100 多人的西班牙入侵者作殊死的战斗？恐怕说不过去。

天灾？部落战争？奴隶反抗？种种怀疑都没有任何痕迹能够说明。今天的考古学家在绵延的安第斯山脉中，陆续发掘到许多印加帝国的遗迹，证明印加人确实是抛弃了他们美丽的家园，在荒芜的山地中再建他们理想的国度。

印加人为什么要在如此之高的地方建这样的一座城市？他们为什么又弃之而去？这种种谜团还有待人们解开。

重现于世的吴哥古城

阅历史总留下很多遗憾，光阴总毁去太多珍奇。庞贝古城、玛雅文化遗址已让人们感慨不已。吴哥古城更在丛林之中吸引着人们的目光。吴哥古城是柬埔寨的象征，它是人类文化宝库中的明珠。它与埃及金字塔、中国的长城、印度尼西亚的婆罗浮屠并称为"东方四大奇观"。12世

●吴哥窟寺庙中心的圣塔

纪前半叶吴哥王朝全盛时期，信奉婆罗门教的高棉国王苏利耶跋摩二世，为了祭祀"保护之神"毗湿奴，炫耀自己的功绩，而建造了著名的吴哥窟（小吴哥）。

大吴哥位于吴哥窟的北部，是阇耶跋摩七世统治时期建造的新都。吴哥城规模非常宏伟壮观，护城河环绕在周围。城内有各式各样非常精美的宝塔寺院和庙宇。在吴哥城中心的是巴扬庙，它和周围象征当时16个省的16座中塔和几十座小塔，构成一组完美整齐的阶梯式塔形建筑群。重现于世的吴哥古迹，具有独特和永久的魅力，这使世人为之倾倒、赞服，同时又使人们产生了无穷的遐想和许多疑点。

疑点之一，何人建造了美妙绝伦的古城。它的每一块石头都是精雕细琢，遍布浮雕壁画，其技巧之娴熟、精湛，想象力之丰富、惊人，使人难以置信，以至于长时间流传吴哥古迹是天神的创造，不可能出自凡人之手。在垒砌这些建筑时，没有使用黏合剂之类的材料，完全靠石块本身的重量和形状紧密相连，丝丝入扣。时至今日，吴哥古迹的大部分建筑虽历经沧桑，仍岿然不动。吴哥古迹充分向人们展示了柬埔寨人民高超的艺术才能和充分的智慧。

疑点之二，通过对吴哥城的规模进行估计，在这座古城最繁荣的时候，至少近百万居民生活在这儿。可是为什么这样一座繁荣昌盛的都城竟会淹没在茫茫丛林里呢？它的居民为什么都不见了呢？有人猜测，流行瘟疫或霍乱之类的疾病，使他们迅速地在极短时间内全部死去。还有人猜测，可能是外来的敌人攻占这座

●巨大的观世音菩萨像默默地注视着古老的吴哥城。

城市后，将城里的所有居民赶到某一地方做奴隶去了。

疑点之三，在柬埔寨历史上放弃吴哥是一个具有重要转折意义的事件，它标志着一度强大的吴哥王朝的瓦解。那么，是不是有别的因素呢？中国一些学者认为，这种结局与暹罗人的不断入侵有关，这使得高棉人做出了撤离吴哥的最终决定。自从暹罗人不断强大后，使高棉人蒙受深重的灾难和巨大的损失。日益衰竭的国力使高棉人无法应付暹罗人的挑战，只好采取回避的方法。O.W.沃尔特斯博士也有相似的看法。但是他认为，吴哥王朝的衰弱和抵抗力的丧失，并非完全是暹罗人所造成，而是高棉王族之间内部矛盾斗争发展的后果。这时，暹罗人入侵，从而导致了吴哥王朝放弃古城之举。

15世纪上半叶，吴哥王朝被迫迁都金边，曾经繁华昌盛的吴哥城杂草灌木丛生，逐渐被茂密的热带森林所湮没。由于有关柬埔寨中古时代的史料极其缺乏，重现于世的吴哥古城只能有待后人去探索研究。

●吴哥窟的西南面景色

富丽堂皇的克里特岛山迷宫

　　在中国古代，认真思考生死问题的人们把人的身体称为"逆旅"，意思是身体只是灵魂在尘世间暂时歇脚的一个寓所。生和死，住所和寝陵，真的是没有什么分别吗？

　　4000 年前，地中海克里特岛山上居住着米诺斯人，他们创造了比希腊还早的物质文明，而且成为一个光辉灿烂的文化中心。

　　3000 多年来，世人对米诺斯文明的了解，除了那个广为流传、有关克里特岛国王米诺斯及其半人半牛、藏身黑暗地下迷宫的贪婪怪物弥诺陶洛斯的神话以外，几乎是一无所知了。然而，英国考古学家艾文斯爵士在 20 世纪初，把米诺斯首都诺瑟斯的遗址发掘了出来。这次发掘的工程相当浩大，闻所未闻。诺瑟斯城自身就很大，加上所属港口，一共有近 10 万居民。但这座庞大建筑物是艾文斯最轰动一时的发现，他同大多数考古学家一样认为那座建筑物是

●黑皂石雕成的公牛状酒器
此器皿是米诺斯人用来盛圣液的，而公牛具有特殊的宗教意义。

王宫，属多层建筑结构，其中有好几层筑在地下。其建造之奇、藏品之丰，为世人所惊叹。王宫中有以海洋生物、雄壮公牛、舞蹈女郎和杂技演员为题材的色彩鲜明的壁画。另外，还有许多石地窖；有斧头的残片、铜斧乐器；以及一个以小片釉陶和象牙包金加镶水晶造的近 1 平方米的棋盘。细加琢磨的雪花石膏在看似国王的宝座上、在接待室的铺路石板上、在那些显出典型米诺斯建筑风格的上粗下细的柱子上、在门道附近闪闪发光。

　　那么，这座富丽堂皇、结构复杂的巨大建筑真的是一座王宫吗？虽然历史学家和考古

●米诺斯王宫内景

●米诺斯王朝的王宫遗址壁画

湿壁画是一种绘于泥灰墙上的绘画艺术，这种创作手段，是米诺斯文明的主要艺术形式。

学家一般都同意这种说法，但德国学者沃德利克则不赞同，而且其说法好像有所依据。在 1972 年出版的一本书中沃德利克说："诺瑟斯这座宏伟建筑，绝对不是国王生时居所，而是贵族的坟墓或王陵。"依据沃德利克的说法，被大多数考古学家所认为的是用作储藏油、食物或酒的大陶瓮，其实是用来盛放尸体的。尸体被放在里面后，加入蜜糖浸泡以达到防腐的目的；石地窖则被用来永久安放尸体；壁画代表的是灵魂转入来生，并且把死者在幽冥世界所需物品画出来。沃德利克还认为那些精密复杂的管道，不是为活人设置的，而是为了防腐措施的需要。

为了支持自己的说法，沃德利克提出几项很有意思的事实，比如说诺瑟斯这座建筑物的位置，绝对不是建筑王宫的绝佳位置，因为它所处的地方过于开敞，四面受敌，如若有人从陆上进攻即无从防卫。同时当地没有泉水，必须用水管引水，水量很难供应那么多居民。"王宫"及附近范围内也无一望即知是马厩和厨房之类的房屋，这里的居民难道不需要交通工具和食物？至于那些被认为是御用寝室的房间，更都是些无窗、潮湿的地下房舍，在气候和暖、风和日丽的地中海地区，绝不可能选择这样的地方来居住。

人们对迷宫究竟是王宫还是陵墓尚无定论，这也成为学者探索光辉灿烂的米诺斯文明的动力。

卓越的古迹——太阳门

　　蒂亚瓦纳科文化的杰出代表作——太阳门，是美洲古代最著名、最卓越的古迹之一，它耸立在安第斯高原上。

　　太阳门高 3.048 米，宽 3.962 米，由重达百吨以上的整块巨型中长石雕镌成，中央凿一门洞。据说每当 9 月 21 日黎明时，第一缕曙光总是准确无误地从门中

●太阳门

太阳门的石雕用独块巨石雕琢而成，在正前方的上端雕着太阳神的形象。

央射入。门楣正中间刻制着一个人形浅浮雕。从这个人形神像的头部会放射出许多道光线，他的双手各持着护杖，在他两旁平列着3排48个相对较小的、生动逼真的形象。3排中的上下两排是带有翅膀的勇士，他们面对神像；中间一排是人格化的飞禽。这块巨石在发现时已残碎不堪，1908年经过一番整修，恢复了其旧观，放在今天人们看到的基地上。

在古代美洲居民还没有制造出带有轮子的运输工具，也没有使用驮重牲畜的情况下，到底是什么人，在什么时候，又是为什么在这云岚缭绕、峭拔高峻的安第斯高原上建造了这座雄伟壮观的太阳门呢？

美国考古学家温德尔·贝内特用层积发掘法

●蒂亚瓦纳科的巨石雕像

证明蒂亚瓦纳科文化的最早年代是在公元300～700年，而太阳门和其他一些建筑应是在1000年前正式建成的。

蒂亚瓦纳科考古研究中心主任、玻利维亚考古学家卡洛斯·庞塞·桑西内斯和阿根廷考古学家伊瓦拉·格拉索用放射性碳鉴定，蒂亚瓦纳科建筑应该是开始于公元前300年，而建成美洲这一灿烂辉煌的文明大约是在公元8世纪以前，一般看法认为在公元5～6世纪。建筑者可能是居住在安第斯山区的科拉人，他们认为蒂亚瓦纳科曾是一个举行宗教仪式的中心场所。太阳门极有可能是阿加巴那金字塔塔顶上庙堂的一部分。

美国历史学家艾·巴·托马斯也同意遗址是科拉人建立的这一理论，但他说那里是一个大商业中心，或文化中心。阶梯通向的地方是中央市场，石门框上的那个人形浅浮雕是雨神，辐射状的线条是雨水，两旁的小型刻像象征着他们朝着雨神走去，以承认他的权威。

更有甚者，说蒂亚瓦纳科是外星人在某一时期建造在地球上的一座城市，太阳门是外空之门。

总之，关于太阳门的来历众说纷纭，莫衷一是。但我们相信，随着考古资料的不断发掘和科学技术的进步，太阳门的秘密总有一天会被揭开。

生命探奇

人类从何处来？

对于"人类起源于何处"这个问题，科学家和人类学家们进行了大量的科学考察，但仍然没能找到真正的答案。人们历来对人类起源何处持不同观点，有人认为人类起源于外星球，外星人是人类的始祖；有人认为人类起源于古猿，是由古猿进化而来的；还有人认为人类有两个祖先，即古猿和海洋生物等等。

要研究人类起源，先要了解人类进化的历史。人类进化至今是不是只有30万～40万年的历史呢？当然不是。人类进化至现在，已经有上百万年历史，通过碳－14已经精确地估算出人类是某种3万～4万年前的高度文明的产物，并有一个活跃、鼎盛时期。

我们的地球曾经不止一次遭到大爆炸、大洪水、大灾难的侵袭，因此古文明可能一毁再毁，古人类也死而复生。

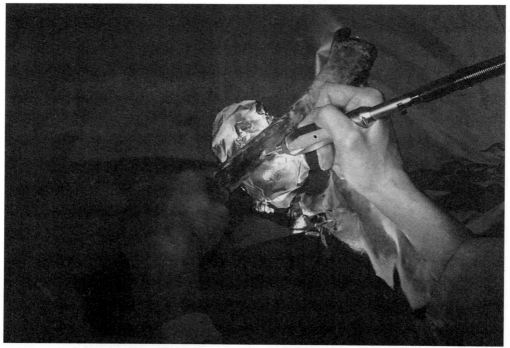

●科研人员用碳－14技术测算化石久远的年代，用以证明人类起源。

对于这些大灾难的各种传说，有据可查的历史可以追溯到 1.2 万年以前，刚好在冰河结束时期。我们必须重视这些传说，决不能单纯地认为这是神话或多事的臆测。同时这也证明了人类远在 1.2 万年以前就有了灿烂的文明，而且比 4000 年前甚至比今天更发达。

于是有人推测，地球从诞生至现在的 46 亿年历史中，曾经有多次生命产生。主要经历了 5 次大灭绝，这 5 次大灭绝发生在距今 5 亿、3.5 亿、2.3 亿、1.8 亿和 6500 万年前，地球上的生命也灭后生，生后灭，周而复始。有人曾经发现了 20 亿年前的核反应堆遗迹，因而认为可能 20 亿年前地球上就存在过高级文明生物，但不幸毁于一场核大战或特大的自然灾害。总之，在太阳系运行轨道的某个特殊位置上，存在着导致大灾难的因素在等待着地球，如地球气候的周期性变化、地球磁场的周期性消失等。前一届高度文明一旦毁灭，随后又会导致高级智慧生物的周期性起源和进化。6500 万年前恐龙的灭绝也是由此引起。

物理学家弗里德里克·索迪说："我相信人类曾有过若干次文明。人类在那时已对原子能了如指掌，但由于误用，使他们遭到了毁灭。"

这太难以想象了，大部分科学家们认为这仅是一种主观猜测，是不能令人信服的。但是另一些人坚持自己的看法，认为我们的地球早已存在 50 多亿年了，而人类文明怎么能仅仅有 5000 多年的历史呢？

有趣的是，美国国家航天局盖·福克鲁曼博士等人根据阿波罗计划所掌握的小天体撞月球的历史资料，详细分析了小天体撞击地球所导致的后果，证实了上述观点的可靠性。但人类考古学上的一系列发现使人们不得不改变观点。比如考古学家在南美洲发现了一个古代星空图，据考证，该星空图描绘了 2.7 万年前的星座分布状况，图上的符号记述的是极其深奥的天文知识，到目前为止，科学家们仍弄不清这些符号表示的意义是什么。在秘鲁珍藏着一块 3 万年前的石刻，石刻描绘着一位古印第安学者手持一个跟现代望远镜非常相似的管状物观测天象。而人类在 17 世纪中期才发明望远镜，至今不过 3 个世纪，3 万年前的望远镜又是何人所制？

对此，许多考古学家都困惑不已难解其中的奥秘。他们认为，除非外星人所为，近代人类或古代某一个时期的人类是绝对做不到的。

瑞典学者丹尼肯把这一切不可思议的谜一概归之于"神"，他在代表作《众神之车》中写道："神来到了地球，并教会猿识字、吃熟食、穿衣服、建筑等等，在猿变化成真正的人之后，才离开地球。"并且他预言，"神"将在不久的将来再次光顾地球。事实上，他在书中提到的"神"就是指外星人。

许多比较严肃的科学家仍然对丹尼肯的理论持怀疑态度。因为无论科学家们怎样努力，至今仍未找到外星人存在或来过地球的有力证据。对丹尼肯的理论，目前在世界上依然是逐弃参半，褒贬不一。

英国学者达尔文则认为人类起源于非洲。他指出，两足直立行走的行动方式，以及小的犬齿、高的智力和能使用工具等人与猿最主要的区别，与从树栖转变到以狩猎为主的地面生活有关。他说，在地面生活的灵长目动物在生存斗争中学会了用两足行走，使其双手能空出来携带狩猎使用的武器。用这些武器作为自我保护和捕食的工具，用增长的智力来指导武器的使用，致使大而突出的犬齿失去了作用，慢慢退化了。

●猩猩
比较普遍的观点是古猿在漫长的进化过程中，一支进化成人类，一支进化成猩猩，因此猩猩与人有着天然的密切联系。

科学家经过观察，发现人类有许多性状与其他陆生灵长目动物不一致，而这些性状却在水生生物中找到了。所以，有科学家认为这些性状是人类从水生生物获得的遗传因素，或者说人类是由两个或两个以上的物种组合形成的，人类是"杂交"产物。这就是人类双祖先复合来源说。这种学说认为人类有两个祖先：一个是古猿，另一个是海洋生物。当然这还只是依据考古史上400万～800万年间古猿化石空白而提出的一种假说，还没有绝对可靠的证据。

人类起源于何处呢？人类的祖先究竟经历过怎样的世事变迁，才发展成为我们现在这样具有高度文明、充满智慧和无穷力量的高级生物的呢？这还有待于人们去探索。

东非是人类的发源地吗？

人类的发源地在哪里？自 20 世纪 50 年代在东非大量出土距今 200 万～400 万年前属于早期人类的化石后，非洲已经被普遍认为是人类起源的首选地。因为在非洲发现的早期人类化石，从埃及古猿到非洲最早的直立人，前后相继，中间没有缺环，形成一个发展序列，所以从 20 世纪 60 年代起，人们就公认人类起源在非洲。

其实早在 1871 年，达尔文在《人类起源和性的选择》一书里就推测人类是从旧大陆某种古猿演化来的。他根据动物分布的规律（就是说世界上每一大区域里现存的哺乳动物是跟同一区域里已经灭绝的种属有密切关系的）得出结论，认为古代非洲必定栖息着和大猿、黑猿极其相近的已经灭绝的猿类。而大猿，特别是黑猿，与人类的亲缘关系较之其他动物是最近的，所以人类的祖先最早居住在非洲的可能性比其他各洲都要更大一些了。那么，达尔文的观点是否正确呢？

从 20 世纪 20 年代开始，在非洲首先发现了南猿化石，接着许多猿类化石和古人类遗骸也陆续在这里被考古学家发现。20 世纪 50 年代特别是 60 年代以来，人们找到了大量的古猿、南猿和直立人的化石，经放射性同位素方法测定其生存年代，发现有些南猿生存在距今 400 万年以前。这些化石为非洲是人类的摇篮的说法提供了事实根据。

●发现于中国的蓝田人头骨

的确，非洲有可能是人类的发源地。根据推测，在 10 亿多年以前，地球上曾经存在一个巨大的超级大陆，它分裂成几个板块后开始漂移分离，最终变成了我们今天所知道的亚、欧、非、美洲等这几个大陆。这些大陆直到今天仍在漂移之中。非洲的东部边缘跟亚洲一起向东移动，而非洲的其余部分则缓缓地向西漂移，这被认为是造成巨

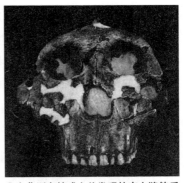

●在非洲奥杜威山谷发现的南方猿鲍氏种的颅骨

大平行裂口的原因。这些裂口导致岩层中部向下滑落而形成一个很深的"谷地"，在谷地的两侧就形成了高高的峭壁。在肯尼亚的图尔卡纳湖岸和坦桑尼亚的奥杜威峡谷所发现的化石，证明在 300 多万年以前这里曾经有类人的动物居住过，有些科学家根据这些证据认为大裂谷是人类的发源地。也就是说，东非可能是人类的发源地。

但是也有人不同意人类起源于非洲的主张，他们的理由是：第一，达尔文忽视了动物迁徙的问题，大型猿类在非洲出现就能得出人类一定起源于非洲的结论吗？相反，按照动物迁徙的规律来说，它们的祖先还是应该到远离现代分布区的地方去寻找的。其次，古猿变成人，很有可能需要外界的刺激力，这就是地区环境变化的动力，如森林区变成疏林草原区。环境的变化使得古猿不得不改变生存方式。但是，现在的科学研究表明，非洲地区从中新世以来，环境变化不大，虽然地形多变，但都不是对古猿变人的强烈的"外界刺激"。另外，从地理位置上来看，非洲其实只是亚洲大陆突出去的一个半岛。在动物地理分布或区系划分上，非洲和亚洲大陆同居"古北区"。那么我们就可以推测，在非洲发现的大量的化石猿类和亚洲大陆发现的材料关系很密切，很可能北非的那些古老的化石代表是从亚洲来的。这些古猿有可能是从亚洲迁移到非洲的。那么，有没有可能人类是在亚洲起源的呢？

人类起源亚洲说早在 1857 年就有人提出了。最早提出亚洲起源说的美国古生物学家赖第就主张人类起源于中亚。1911 年，另一古生物学家马修在一次题目叫《气候和演化》的演讲中列举了种种理由，强调高原是人类的摇篮，影响很大。1927 年中国发现"北京人"之后，中亚起源说更加风靡一时，20 世纪 30 年代中亚考察团还到蒙古戈壁里去寻找人类祖先的遗骸。主张中亚说的人阐述他们的理由，最重要的是那些用来反对非洲说的几个方面。第一，非洲缺乏"外界刺激"，中亚却有，就是喜马拉雅山的崛起，使中亚地区高原地带的生活比低地困难，对于动物演化来说，受刺激产生的反应最有益处，这些外界的刺激可以促进人类的形成；第二，按哺乳动物迁徙规律说，常常是最落后的类型被排斥到散布中心之外，而最强盛的类型则留在发源地附近继续发展，因此在离老家比较远的地区反而能发现最原始的人类。恰好当时发现的唯一的早期人类化石是爪哇直立人，和这一假说正好吻合。

除了中亚之外，还有人主张人类起源于南亚。这种假说最早是海克尔提出的，海克尔用绘图表示现在的各个人种由南亚中心向外迁移的途径，并以此来证明人类起源于南亚。他认为，非洲的黑猿和大猿，和人类亲缘关系相近，除此之外，还有南亚的褐猿和长臂猿，它们的化石遗骸在南亚发现得很多。并且，最近有人用分子生物学的研究方法证明褐猿和人类的关系甚至比非洲的猿类与人类的关系更密切，这又为南亚起源说提供了有利的论据；其次，人们在南亚和东南亚地区还找到了南猿型甚至可能是"能人"

●坦桑尼亚的奥杜威峡谷，世界闻名的人类考古遗址。

型的代表和它们使用的石器。经过初步分析，这些化石在年代上可能和东非的材料不相上下，并且这一带也找到了更新世早期的直立人的遗骸和文化遗物。因此，有些古人类学家根据世界上腊玛猿、南猿和更新世早期人类的发现地点分布情况，来证明人类的发祥地很可能就在南亚。

当然了，人类的起源究竟是非洲还是亚洲，是中亚还是南亚，我们现在还无法确定。看来，我们只能期盼着更多的考古资料的出土来证明我们的假想了。

神秘的人体自燃现象

　　人体自燃现象最早见于 17 世纪的医学报告，时至今日，有关的文献更是层出不穷，记载也更为详尽。那么，什么是人体自燃呢？人体自燃就是指一个人的身体未与外界火种接触而自动着火燃烧。

　　1949 年 12 月 15 日，美国新罕布什尔州的一个 53 岁、名叫科特里斯的妇女在家中被烧死了。曼彻斯特警方在调查中发现，那具不像人形的恐怖尸体躺在房间的地板上，可是房间内的物体却没有遭到丝毫破坏，而且壁炉也未曾使用过，甚至在其他地方也找不到火种。美联社报道说："该妇人在燃烧时一定像个火球，但是火焰却没有烧着她家里的任何木料。"这事实令人惊诧。

●化学中关于白磷自燃的实验。

●令人恐怖的人体自燃

人对于火具有一种与生俱来的恐惧感，而自燃的发生没有任何迹象，这更会使人惊恐万状。

1951 年佛罗里达州圣彼得堡的利泽太太被人发现在房中化为灰烬，房子也是丝毫未受损坏。在这个案件中，调查人员使用各种现代科学方法，以确定这一神秘现象的来龙去脉。可是，虽然有联邦调查局、纵火案专家、消防局官员和病理专家通力合作研究，历时一年仍然没有把事件弄清楚。

在发生事故的现场除了椅子和旁边的茶几外，其余家具并没有严重的损毁，可是在屋内却出现了一种奇怪的现象：天花板、窗帘和离地 1 米以上的墙壁，铺满一层气味难闻的油烟，在 1 米以下的墙壁却没有。椅子旁边墙上的油漆被烘得有点发黄，但椅子摆放处

●如何解开人体自燃之谜，是人类亟待解决的难题。

的地毯却没有烧穿。此外在 3 米外的一面挂墙镜可能因为热而破裂；在 3.5 米外梳妆台上的两根蜡烛已经熔化了，但烛芯依然留在烛台上没有损坏；位于墙壁 1 米以上的塑料插座也已熔化，但保险丝没有烧断，电流仍然畅通，以至于护壁板的电源插座没有受到破坏。与一只熔化了的插座连接的电钟已经停摆，上面的时间刚好指在 4 点 20 分。当电钟与护壁板上完好的插座连接时，仍然可继续走动。附近的一些易燃物品如一张桌子上的报纸以及台布、窗帘，却全部安然无损。

在世界其他地区亦有像利泽太太这样人体自燃的事例，而且自燃的形式多种多样，有些人只是受到轻微的灼伤，另一些则化为灰烬，更令人不可思议的是，受害人所睡的床、所坐的椅子，甚至所穿的衣服，有时候竟然没有烧毁。更有甚者，有些人虽然全身烧焦，但一只脚、一条腿或一些指头却依然完好无损。在法国巴黎，一个嗜好烈酒的妇人在一天晚上睡觉时自燃而死，整个身体只有她的头部和手指头遗留下来，其余部分均烧成灰烬。

在以前发生过的人体自燃事件中，男女受害人的数目比例大致相同，年龄从婴儿到 114 岁的老人都有，其中很多是瘦弱的。他们有的人是在火源附近自燃，有的人却是在驾车或是毫无火源的地方行走时莫名其妙地着火自燃的。

时至今日，现代科学界和医学界都否定人体自燃的说法。有人虽然曾经提出一些理论，但是一直没有合理的生理学论据足以说明人体如何自燃甚至于化为灰烬，因为如果要把人体的骨髓和组织全部烧毁，只有在温度超过华氏 3000 度的高压火葬场才有此可能。那么，烧焦了的尸体上尚存有未损坏的衣物或者是一些皮肉完整的残肤就更令人觉得有些神秘莫测了。

奇异的人体发电现象

在如今这个电气化的时代里，人们生活中每一处都可以说是离不开电。于是有人幻想，如果人体自身能发电该多好啊。然而世界上确实存在着这样的人，对于身体会发电的人来说，能发电可并不见得是一件好事。

在意大利罗马南方的一个村子里，住着一位名叫斯毕诺的 16 岁青年人，他的叔父艾斯拉模·斯毕诺在 1983 年 8 月首先发现了他的奇异之处：每当斯毕诺来到他家时，他家里的电气产品就会发生故障，而且他身边的床还会无缘无故发生自燃，油漆罐也会着火爆炸等。

英国的贾姬·普利斯曼夫人是另一个会发电的人。贾姬的丈夫普利斯曼先生是位电气技师，但他的夫人却时时发"电"：一旦她靠近电器，电器制品就会损坏，电视会自己转台、灯泡会爆炸……她已经毁坏了 24 台吸尘器、9 台除草机、12 台吹风机、19 个电饭锅、8 台电炉、5 只手表、3 台洗衣机。

科学家用尽各种办法来研究，以求解开这个不可思议的人体发电现象。他们从电鳗的健康与发出电能的相关关系得到启发，纽约州立监狱的南萨姆医师用囚犯做实验，用"肉毒菌"让被实验者暂时得病，暂时发电的现象在病人身体上出现了。这时从病人的体内可以检测出大量的静电。不过，病人的身体一旦恢复健康，发电的现象便消失了。

这个实验证明，人的生理机能的失衡引起了人体的发电现象。

而韦恩·R.柯尔博士认为，从理论上来讲，约 3 立方厘米的人类肌肉细胞可以产生 40 万伏特的电压。他试验利用冥想在肌肉中产生静电，实验取得了成功。

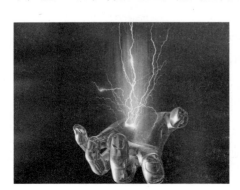

其实人人都可能隐藏着发电的潜力。

如果照柯尔博士所说，通过冥想就能发电，那么，就让我们在日常生活中多多冥想吧，那样的话，我们的电气化时代就名副其实地来到我们身边了。

●每个人都隐藏着发电的潜力，如果利用冥想真的能够产生电，那么我们就可以通过自己的身体对一些电器进行遥控了。

肉眼看不见的"人体辉光"

在许多古今中外的宗教绘画中，为了显示神佛超凡、伟大，往往其头上都有光环存在。其实，撇开宗教上的象征意义不谈，即使是生存在现实世界中的任何一个凡夫俗子，他们身上同样也有一道光环，只不过不为人的肉眼所见罢了。

英国一名医生华尔德·基尔纳早在1911年采用双花青染料涂刷玻璃屏，首次意外发现了环绕在人体周围宽约15毫米的发光边缘。其后不久，苏联科学家西迈杨·柯利尔通过电频电场的照相术把环绕人体的明亮而有色的辉光拍摄了下来。于是，这一有趣的发现受到了全世界众多国家的科学家的广泛关注。20世纪80年代后，日本、美国等相继使用先进高科技仪器对"人体辉光"进行研究，试图把"人体辉光"之谜公之于众。"日本新技术开发事业团"，采用了具有世界上最高敏感度的、用于检测微弱光的光电子倍增管和显像装置，成功地实现了对"人体辉光"的图像显示，并把这种辉光称为"人体生物光"，他们还把这一科研成果应用到医学研究上去。他们对志愿接受检查的30位病人进行了生物光测试，

●印度绘画中，刚刚降临人世的圣婴的头顶有耀眼的光环。

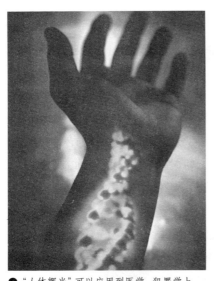

● "人体辉光"可以应用到医学、犯罪学上。

这些病人既包括1岁婴儿也包括80岁老人。最后的测试结果表明，甲状腺功能衰退者、甲状腺切除者及正常人在夜间睡眠时，在新陈代谢减缓的同时，其生物光强度也会同时减弱。日本医学界认为，检测人体生物光能如实地反映出人体新陈代谢的平衡关系，而且可以通过光的变化来测定病人新陈代谢的异常和人体的节律。

尤其令人惊奇的是，科学家在研究"人体辉光"的照片中发现，照片中的光晕明亮闪光处，恰恰与中国古代针灸图上标出的针灸穴位相吻合，而每一个人又都有一种独特的辉光样式。另外，美国科学家研究指出，辉光在人体内疾病产生前，会呈现出一种模糊图像，好像受到云雾干扰的"日冕"；而人体癌细胞生长时则会出现一种片云状的辉光。苏联研究人员曾对酗酒者进行"人体辉光"追踪拍摄，他们发现饮酒者在刚刚开始端杯时，环绕在手指尖的辉光清晰、明亮。当人喝醉酒之后，指尖光晕会变成苍白色，同时他们还发现光圈无力并且向内闪烁着收缩，变得黯淡异常。他们对吸烟者也做了类似的试验：一天只吸几支烟的人，其辉光基本上保持正常状态；而当吸烟量逐步增大时，"人体辉光"便会呈现出跳动和不调和的光圈；如果是位吸烟上瘾的人，辉光就会脱离与指尖的接触而偏离中心。

现在，对"人体辉光"的研究正在深入地进行过程中。各国专家试验将其应用到医学上，甚至还有人设想把它应用到保健上，如在家庭中设立"辉光档案"，通过电脑监测装置进行"遥控保健咨询"。另外，"人体辉光"会随着大脑活动的变化而发出程度不同的光辉，所以有人据此想把它应用到犯罪学上，譬如在对犯人进行审问时可以发现其是否企图说谎等。

但是，截至目前，"人体辉光"的成因还是个谜。有人认为，这是人体的密码文字；有些科学家则认为，"人体辉光"是自然界一切生命的特别现象，是好像空气一样的复合物；还有人说这是一种由水汽和人体盐分跟高电场相互反应的结果。总之，众说纷纭，莫衷一是。但"人体辉光"确实以其特殊的魅力吸引着众多的科学家为之探索。

被人忽略的人体"第三眼"

我们从神话传说中可以看到许多神仙都有3只眼睛，除一双正常的和常人无异的眼睛外，还有一只眼睛长在额头上，而且这只眼具有无上的神力。

也许你想不到，其实你、我、他等芸芸众生，虽然不是神仙，却同样也长着3只眼睛！

希腊古生物学家奥尔维茨，在研究大穿山甲的头骨时，在它两个眼孔上方发现了一个小孔，这一小孔与两个眼孔成品字形排列，这引起他很大兴趣。经反复研究，这个小孔被证明是退化的眼眶。这一发现，轰动了整个生物界，自此以后，各国的生物学家纷纷加入研究行列。各项研究结果表明，鱼类、两栖类、爬行类、鸟类、哺乳动物，甚至包括人类，都有3只眼睛。人们通常忘记了自己的第三只眼，或是从来没有想过它的存在，这只是因为这只额外的眼睛已离开原来的位置，不在脸部表面，而是深深地埋藏在大脑的丘脑上部，而且拥有另外的名字——松果腺体。

人的第三眼已经变成一个极为独特的、专门的腺体，人体中除了松果腺体以外，再也没有其他腺体具有星形细胞。星形细胞不是普通的细胞，它在大脑半球中含量十分丰富。

现在，第三眼的功能和另两只眼睛相比虽然功能迥异，但还是有点"藕断丝连"，松果腺体对太阳光有极强的敏感性，它通过神经纤维与眼睛相联系。松果腺体在太阳光十分强烈时受阳光抑制，分泌松果激素较少；反之，碰到阴雨连绵的天气，松果腺体就会分泌出较多的松果激素。

●松果腺体分泌过多会使唤起细胞工作的其他激素减少，人会感觉无精打采，昏昏欲睡。

此外，人们发现在第三眼的组织结构中含有钙、镁、磷、铁等晶体颗粒。刚出生的婴儿根本没有这种奇怪的称之为"脑砂"的东西，在15岁以内的孩子中也极为少见，但是15岁以后，"脑砂"的数量就开始逐年增加。在第三眼中有那么一小堆沙子，竟丝毫不会影响它本身的功能。看来，科学家对其的研究还有待深入。

神秘的人体不腐现象

古今中外，人体不腐的现象引起了科学界和医学界专家们的高度重视。他们对这一现象进行了多方面综合的考察，但是人体究竟为何会不腐呢？

中国古代僧人用秘方保存肉身的事例也甚多。唐代高僧元际禅师的肉身，历经千年至今仍然保存完好，被学术界视为"世界唯一奇迹"。可惜的是，现在这国宝级的文物却不在中国，而在日本。肉身现存于横滨鹤见区总持寺，被日本视为"国宝"。

在唐贞元六年(790)，91岁高龄的元际禅师知道自己来日不多了，于是悄然返回故乡湖南衡山的南台寺。从此时开始他便停止了进食，只嘱咐门徒把他平日搜集来的百余种草药熬汤，每天他都要豪饮10多碗。饮食后小便频繁，大汗淋漓。门徒见到这种情况，纷纷劝阻，元际禅师只是笑而不答，仍然继续饮用这种散发芬香的草药汤。一个月后，他更加清瘦了，可是脸色红赤，两目如炬。有一天，他端坐不动，口念佛经，安详地圆寂了。这样又过了月余，禅师的肉身不但不腐，而且还散发出芬芳。门徒们感到非常惊讶，认为这是禅师功德无量的结果，特地建了寺庙敬奉。千百年来，香火非常兴盛，一直持续到清末民初。

20世纪30年代，军阀割据，战乱频繁。潜伏在湖南一带、以牙科医生的身份作为掩护的日本间谍渡边四郎早就知道元际禅师肉身的价值，于是他便乘乱毒死了寺内的小和尚，把元际禅师肉身隐藏了起来。不久以后，这个寺庙毁于兵火之中，世人都以为禅师的肉身也一起遭劫了。直至抗日战争末期，渡边看到日本侵华军大势已去，便将肉身伪装成货物，偷偷地装船运回了日本。

渡边刚开始将肉身辗转放置在他所在的乡间，后来又将之移置在东京郊外一座小山的地下仓库里，并且秘而不宣。直到1947年渡边病重身亡时，人们才从他的日记本中得知这

●广州光孝寺六祖殿

原建于宋，现为清初重建。六祖殿内供奉的惠能像，相传为六祖的真身。

一重大秘密。日本当局立即派人打开仓库，发现了禅师的肉身。只见禅师盘腿而坐，双目有神，俨如活人。专家们认为，一般的木乃伊，只是人工药物制的"躯壳"，不足为奇。可是禅师的肉身一直暴露于空气中仍能千年不朽，实在是世界唯一奇迹。经检查，禅师腹内无丝毫污物，体内渗满了防腐药物，嘴及肛门也都被封住，这些可能都是肉身不朽的主要原因。至于他临终前饮用的大量汤药究竟是什么草药，已经无法考究了。

●安徽无瑕禅师装金肉身

九华山内，有无瑕禅师装金肉身。无瑕是明末人，世寿110岁，圆寂后坐缸三年，尸体不坏，弟子将其装金供奉，崇祯皇帝封为"应身菩萨"。

无独有偶，有着悠久历史的意大利西西里岛的古老遗址中，至今还保留着旧石器时代绘画的驿罗萨里奥洞窟教堂。这个教堂有一个神秘之处：在这里的地下，竟沉睡着8000具木乃伊！这着实令人惊叹不已。而真正令这座地下墓室在世界闻名的却是8000具木乃伊中一个年龄仅有4岁的木乃伊女童。

这位名叫伦巴尔特·劳扎丽亚的女童，死于1920年12月6日。她的母亲在她死后十分悲哀，特地将巴勒莫的一位叫萨拉菲亚的名医请来并且向他恳求："请您想方设法让我孩子的遗体永不腐败，这是我唯一的祈愿。"

据说萨拉菲亚医生使用了数种药剂为这个女童做了特殊注射。时至今日，80多年过去了，这个女童仍安然地躺在一个单独的玻璃棺内，无论从什么角度去看，都会令人觉得她依然是活人。凡是看见了女童的人，都会情不自禁地发出感叹：呵，她还活着！

她的面庞仍像生前那样红润、丰满，肌肤也是那样粉嫩、光滑，依然那样可爱、美丽。此时此刻谁能相信，她已死了80多年了呢？事实上，即使对于众多的科学家来说，女童的永不腐朽也是一个无法解开的谜团。

但是，令人遗憾的是，医生萨拉菲亚在给女童做了不腐处理之后不久，便突然死去，而且在他死前，对保存遗体的秘方也是只字未露。所以，人们无从知道女童不腐的最终原因，那一秘方也成了永远的谜。

被野兽养大的人

　　"生儿育女"是自然界中各种生物为维护其自身繁殖而进行的一种普遍的生理活动。然而却有许多动物"越轨"，不养育自己的孩子，却哺养另一类动物甚至是人类的幼子。

　　1988年德国出现了一个狗孩，一对夫妇由于工作太忙，很少有时间照料自己的小孩，家里的母狗却为他们尽了"父母的义务"，后来这个小孩习性变得和狗差不多。

　　其实类似的事件很多，20世纪初，在印度发现的两个狼孩就曾引起过轰动。

　　1920年10月，人们在印度葛达莫里村附近的狼窝里发现两个女孩，一个约

● "狼孩"用四肢代替双足行走，并能快速奔跑。

八九岁，另一个不足两岁。毕业于加尔各答大学的锡恩神父将这两个狼孩带回了密拿坡孤儿院，并开始对这对经历非凡的姐妹进行长期研究。

●两个"狼孩"蜷缩在一起。

神父给这两个女孩取名为卡玛拉和亚玛拉。这对姐妹在很多方面表现出"狼"的特性，她们能利用四肢飞快奔跑，用舌头舔食牛奶和水，吃生肉，嗅觉也异常灵敏，能闻到距离很远的食物的味道，视觉也很突出，两人能在伸手不见五指的深夜，在崎岖的山路上游玩。

另外，比较有影响的还有法国探险家亚曼发现的羚童。1961年亚曼孤身到撒哈拉沙漠探险，途中他迷路了，很快饮水和干粮都吃完。正在他苦苦挣扎的时候，一个羚童出现了，那个羚童头发乌黑，散乱地披到肩上，皮肤呈健壮的古铜色。亚曼的友好行为博得了生活在那里的瞪羚和羚童的好感。羚童和其他瞪羚一起友好地舔着亚曼的腿和手。亚曼发现男孩是开朗、天真的，看上去大约10岁左右。他的脚踝部粗壮而有力，直立着身体到处走动，吃东西时却四肢触地，脸部贴在地上，牙齿十分强劲有力，能咬断坚硬的沙漠灌木。他们渐渐成了"朋友"，彼此非常亲近。一天亚曼点起一堆篝火，起初男孩有些害怕，到处躲闪，后来他也不再害怕火焰，慢慢靠过来，甚至摆弄起炭火来。他不会和亚曼交流感情，却能和瞪羚一样用抽动耳朵和挠头皮等方式彼此沟通。最后男孩将亚曼带出了沙漠，挽救了这位探险家的生命。两年以后，亚曼带着自己的两位朋友再

●印度"狼孩"被当地的人家收养，行为举止还没有完全脱离狼的习性。

次到沙漠中寻访他的这位不同寻常的朋友。当他们见到男孩和其他的瞪羚时，彼此仍很亲近。亚曼还想试一下男孩在自然界中的生存能力，决定与他"赛跑"。他的朋友用吉普车追逐瞪羚，亚曼则开着另一辆车和男孩一起跟在后面，他惊奇地发现，男孩奔跑的速度竟达每小时 52 千米！男孩能像瞪羚一样，以 4 米多长的步伐连续跳跃。

亚曼的奇遇让他感慨万端，他不想让别人知道这个男孩，因为那样人们会将男孩关在笼子里研究，男孩也就失去了自由，那是十分可怕的。于是他和他的两位朋友将事实隐瞒起来，直到十几年后才在书中公布了他的发现。

其实，还有许多类似的奇怪事件，人们发现了许多熊孩、豹孩、羊孩、猿孩等，人们对此已经不再十分吃惊。与之相比，人们更关心动物为何会抚养人类的后代。

对此，人们有许多不同的看法，其中一种解释认为，野兽的母性本能非常强烈，特别是比较凶猛的母狼、母豹等，它们失去了幼兽后，在母性本能的驱使下，很可能对其他幼小的动物进行喂养，因而掠夺人类的小孩也是完全有可能的。还有一种观点是，人类的小孩被遗弃在荒野后，被狼或其他出来觅食的动物发现，便误以为是自己的幼仔而带回去抚养。该观点完全是一种猜测，没有任何事实依据。

而前一种观点还能找到一些事实依据，例如 1920 年的一天，印度的芝兹·卡查尔村的猎人打死了两只雏豹，母豹竟然跟随猎人到了村子，叼走了一个两岁多的男孩。3 年后，当地人打死了母豹，并救出了小孩，不过已经快 6 岁的小男孩已经完全习惯了豹的生活方式。

还有许多人认为凶猛的动物是不可能哺育人类的孩子的，但在众多的事实面前并没有更多的反驳证据。关于动物为何要抚养人类小孩的问题，至今仍没有科学的答案。

●印度"狼孩"已能够直立行走，并可以忍受穿上衣服。

轰动一时的尼斯湖水怪

与许多令人不解的现象一样，尼斯湖水怪之谜多年以来一直困扰着我们。那么，尼斯湖水怪到底是怎样一种动物呢？

尼斯湖位于苏格兰北部的苏格兰大峡谷之中，它深约 213 米 ~ 293 米，长约 39 千米，平均宽度

●有人认为这张拍摄于 1951 年的有三块隆肉的水怪照片可能是伪造的。

为 1.6 千米。由于它是淡水湖，终年不结冰，适宜于生物饮用，因此湖边水鸟云集，湖中鱼虾众多。在苏格兰大峡谷中有三个细长而深的湖，从西向东依次是：尼斯湖、洛奇湖和奥斯湖。本来只有尼斯湖的水通过尼斯河向东北注入默里湾，而洛奇湖、奥斯湖都通向大海，这三个湖是互不相连的。但当地人利用在地理位置上这三个湖处于同一峡谷中的同一条线上这一特点，开凿了一条名叫喀里多尼亚的运河，将大西洋一侧的洛恩湾与北海一侧的默里湾沟通，把这三个湖连接了起来。

许多人都坚信尽管现在还没有查明，但是尼斯湖中确实存在有一种怪兽。有些著名科学家认为，由于在几亿年前尼斯湖一带原是一片茫茫的海洋，后来通过地壳运动的作用，经过多次海陆变迁，尼斯湖逐渐从海洋演变成今天的湖泊，因而尼斯湖里很可能存在一种远古动物，至今仍然活着，只是到目前为止人类还没有认识它罢了。特别是近 100 多年来，不断有人声称曾亲眼看到过这个怪兽，但至今没有人能抓住它，它像一个时隐时现的幽灵。据那些人描述，它的头和脖子像蛇一样十分细长，伸出水面的部分有一米多长。而人们争论的焦点是怪兽的巨大背部，甚至有人说它不止有一个背，而是有两三个背露出水面。在怪兽突出的肋腹部上，水像瀑布似的泻下来，瞬间湖面上就会掀起一阵恶浪。之后它又迅速

●水下照相机

●科学家在检查探测仪器。

潜到湖底，踪影全无。

1802 年有一个农民在尼斯湖边劳动，突然看见湖中有一只形状很奇特的巨大怪兽出现，距离他只有 45 米左右。怪兽用短而粗的鳍脚划着水，气势汹汹地向他猛游过来，吓得他慌忙逃跑。

1880 年初秋，一只游艇正在湖上行驶，突然从湖底冲出一只巨大的怪兽，它全身黑色，脑袋呈三角形，脖子细长，在湖中像一条巨龙似的昂首掀浪前进，使湖面上卷起一阵巨浪，湖中的游艇也被击沉，艇上游客无一幸免于难。这一消息轰动了当时的整个英国。同年，潜水员邓肯·莫卡唐拉为了检查一艘失事船只的残骸而潜入尼斯湖底。他潜入湖底后不久，就发出求救信号。人们不知道发生了什么事，迅速把他从湖底拖上岸来。他说不出一句话，脸色发白，全身颤抖。休息和医治了几天，平静下来之后，他才把他在湖底看到的奇迹讲述了出来：正当他检查沉船的残骸时，突然看到湖底的一块岩石上躲着一只怪兽，远远望去好像一只巨大无比的青蛙坐在那里，形状十分可怕，吓得他差一点昏过去。

英国有一个名叫歌尔德的海军少校对此感到十分好奇，他访问调查过 50 个曾经亲眼见到过怪兽的人，将得到的各种材料加以综合研究和推测后，描述出了一个比较系统的怪兽的大概的模样：怪物呈灰黑色，背上有两三个驼峰，身长约 15 米，颈长约 1.2 米。然而他的推测并没有科学根据，只是一种假设。目前，仍然没人弄清楚它到底是一种什么样的动物。

英国及欧美许多国家陆续出版了一些书籍，专门介绍尼斯湖怪兽。有的印有怪兽模糊不清的彩色照片，有的附有怪物的插图。世界各地的媒体大肆渲染，把怪兽描绘得神出鬼没，奇异莫测，活灵活现，耸人听闻。但是不久之后，就再也没人见过所谓的怪兽了，相关的讨论也逐渐平息下来。

然而到了 1933 年，尼斯湖岸上的一些修路工人宣称看到了这个怪兽，约翰·麦凯夫妇和兽医学者格兰特也宣称见到了这个怪兽。格兰特后来说，有一次他在经过尼斯湖边时，湖水突

●画家想象中的水怪形象——蛇颈龙

然翻腾，哗哗作响，然后他看见一只与别人所描述的非常相似的怪兽在湖面上游着。这只怪兽有很大的背脊，还有一个细长的脖子，既像个恐龙，又像一头大象，粗糙的皮肤上布满了皱纹。

英国曾专门组成了"尼斯湖现象调查协会"，悬赏100万英镑，不管怪兽是死的还是活的，只要将其捉拿，都可以得到奖赏。很多人纷纷跑到尼斯湖畔，怀着碰运气的心情，日夜巡视，希望能幸运地捉住怪兽。可是怪兽却长时间地销声匿迹，像有意戏弄人似的，消失得无影无踪，再也不露出湖面了。那些原本希望获得100万英镑巨赏的人，不仅没有将怪兽抓获，甚至连怪兽的影子也未见过，只得失望地离开尼斯湖。

1972年，以美国应用科学院专家赖恩斯为首的一个研究组，曾利用水下照相机，在对尼斯湖进行探险时，拍下了一个鳍脚，非常巨大。1975年6月19日，研究组设置在尼斯湖的水下照相机拍下了几百张照片，但照片上什么也没有。当天下午9点45分，水下照相机附近出现了一个动物，但很快就消失了。由于照片中只出现了动物的极小一部分，人们无法看清楚它是什么。大约一个小时后，这个动物又出现了，可能由于闪光灯无法同步，要快或慢几分之几秒钟，照片上拍摄到的，只是一大片有黄色斑点的丑陋皮肤，同样无法弄清楚这个动物的种类。直到第二天凌

●最经典的怪兽形象

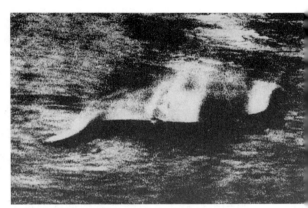

●历史上第一幅被拍到的尼斯湖水怪照片，时间是1933年。

●这张拍摄于1977年的著名照片经专家鉴定具有很高的可信度。

●尼斯湖神秘莫测的自然风光

晨 4 点 32 分,闪光灯及时地同步闪亮了一下,才抢拍了一个珍贵的镜头,一只活怪兽的轮廓(躯体和头部)出现在这张照片上:一个菱状躯体,一个细长的脖子成拱形地伸展着,脖子的一部分因阴影而模糊不清。最后是一个斑点,躯体上端伸出两个鳍脚,看上去似乎是一只怪兽吃惊地扑向照相机。据估计,这只怪兽大约长 6.5 米。不久,怪兽向水下照相机发起了一系列的攻击和碰撞,结果把水下照相机打翻了。有些学者根据这张水下照片来证明尼斯湖里确实存在着怪兽。但也有一些科学家认为赖恩斯等人错误地判断了照片,因而否定这些照片;有些学者甚至认为所谓"水下照片"是赖恩斯等人制造出来的一个骗局。

长期以来,有不少学者对"尼斯湖怪兽之谜"持怀疑甚至完全否定的态度。他们认为,尼斯湖根本就没有什么怪兽,只是一种光的折射现象造成人们视觉上的错觉。有的则认为很有可能是尼斯湖底的一些具有浮力的浆沫石,在一定条件下浮上水面,随波漂荡。由于视觉的错误,当人们站在湖岸边从远处望去,奇形怪状的浆沫石就往往被误认为是怪兽。

英国《新科学家》杂志 1982 年 8 月 5 日发表了罗伯特·克雷格(英国苏格兰一位退休电子工程师)撰写的《揭开尼斯湖怪物之谜》一文,他认为,根本不存在神秘的史前动物,只是漂浮在湖面上的古赤松树干。这种树干的形体以及它上下沉浮的现象,就使站在湖岸边的人们把它误认为是怪兽。其实,一浮一沉的古赤松树干就是人们所谓的怪兽。

但是，全世界许多著名的科学家仍坚信有一种至今尚未被人们查明的怪兽在尼斯湖中存在着。他们认为，几亿年前，由于地壳运动频繁，尼斯湖一带从一片浩瀚的苍茫海洋，经历了多次海陆变迁，逐渐演变成今天的面貌。因此，很可能有一种独特的尚未被人类认识的海栖爬虫类远古动物至今仍然生活在尼斯湖里。

●英国科学家在声呐室里观察湖面及湖里的情况。

虽然各界人士为了弄清尼斯湖怪兽的真面目做了各种各样的努力，但是到目前为止，还没有一个人给出的答案能令大家满意。到底尼斯湖中有没有怪兽？如果有的话，它是一种什么样的生物？一切尚无准确而可信的结论。

●设置在尼斯湖湖面的声呐探测仪器

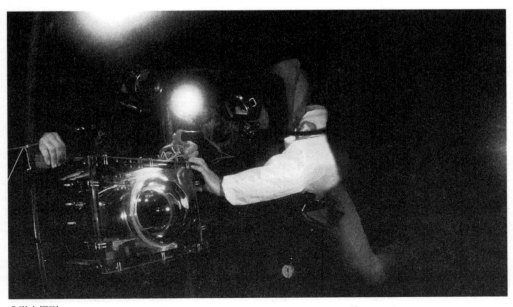

●潜水探测

鲸鱼集体自杀现象

　　1976 年的一天，突然有 250 条鲸鱼游入浅水中，出现在佛罗里达州的海滩上。当潮水退下时，这些被搁浅在海滩上的鲸鱼无法动弹，由于没有水，鲸鱼很快就会死掉。美国海岸警卫队员们和数百名自愿救鲸者进入冰冷的海中，企图阻止那些鲸鱼自杀；有的人用消防水管在鲸鱼身上喷水，想以此延续它们的生命；有的人甚至开来起重机，试图把鲸鱼拖回大海，由于鲸鱼重量过大，反而把起重机拖翻了。

　　鲸鱼冲上海滩集体自杀的现象在许多地方都发生过，没有人驱赶，没有人捕捞，鲸鱼为什么要自杀呢？这真是令人费解。

　　对于鲸鱼集体自杀的原因，大多数人认为是由于某种原因干扰了鲸鱼对方向的判断，从而使其"误入歧途"。

　　鲸鱼并不是靠它的眼睛辨别方向的，这一点同海豚相似。鲸鱼的眼睛与它的身材是极不相称的，一头巨鲸的眼睛只有一个小西瓜那样大，而且一般只能看到 17 米以内的物体，视力极度退化。一头巨大的鲸能看到的距离还没有自己的身体那么远。也许你会问，在海洋中鲸鱼是靠什么来测物、觅食和导航呢？原来，鲸

●海洋是鲸鱼赖以生存的环境，它们冲上海滩意味着踏上了死亡的征途。

鱼具有一种天生的高灵敏度的回声测距本领。它们发射出的超声波频率范围极广，这种超声波遇到障碍后会立即反射回来，形成回声。鲸鱼就根据这种超声波的往返时间来准确地判断自己与障碍物的距离，定位非常准确，误差一般很小。

●因海水落潮而搁浅的白鲸

由于鲸鱼具有这个特点，如果非自然原因影响了鲸鱼的回声定位系统，就有可能使鲸鱼找不到方向。学者们对制造鲸鱼自杀惨案的"凶手"进行了追捕，并且找到了几个"嫌疑犯"。

有动物学家在一些自杀鲸的内耳中发现许多圆形的昆虫。研究人员因此认为，耳内寄生虫破坏了鲸鱼的回声定位系统，可能是使一些鲸鱼搁浅，导致鲸鱼不能正确收听回声，而犯了致命的错误。

此外，那些污染海水的化学物质也有可能会扰乱鲸鱼的回声定位系统，所以环境污染也可能是致使鲸鱼搁浅的原因之一。

另一些科学家通过解剖数头冲进海滩搁浅的自杀鲸鱼后发现，绝大多数死鲸的气腔两面红肿病变，并因此认为，可能是由于鲸鱼定位系统发生病变使它丧失了定向、定位的能力，导致其搁浅海滩。鲸鱼的恋群性特征表明，只要有一只鲸鱼冲进海滩而搁浅，那么其余的就会奋不顾身地跟上去，造成接二连三的搁浅，最终形成集体自杀的惨剧。

伦敦大学生物系的西蒙德斯教授和美国拉斯帕尔马斯大学兽医系的胡德拉教授却认为军舰发动机和声呐的噪音以及水下爆炸等才是鲸鱼集体自杀的真正原因。他们在将一系列鲸鱼集体自杀事件进行分析之后，发现了其中的巧合。

这种观点认为，在海洋深处定向、定标的发达的定位系统是每头健康的鲸鱼都拥有的，而那些军舰声呐和回声探测仪所发出的声波及水下爆炸的噪音，把鲸鱼的回声定位系统破坏了，从而导致鲸鱼集体冲上海滩自杀。

美国海军两年前曾进行过一系列实验，实验中产生了巨大的海底噪音，结果24小时之内，有16头鲸鱼在巴哈马群岛群体触礁，似乎非常神秘。哈佛医学院和伍兹霍尔海洋研究所对在该事件中死亡的两只鲸部分取样后进行了研究分析。鲸类听觉及解剖学专家通过研究发现，鲸的一些对强烈压力都很敏感的部位出现

●这幅 19 世纪的版画描绘了鲸鱼游入浅水自杀的情景。

了损伤，如内耳出血，并伴有大脑、听觉系统和喉部的损伤。在其中一具鲸尸中，甚至连接耳鼓鼓膜的韧带都断裂了，这显然是由于受到了强烈的肢体冲撞而造成的。触礁事件之前的 10 年里，该地区的鲸类科学研究报告中都没有发现有类似受到冲撞的鲸。

为此，国际爱护动物基金会的海洋生物学家表示："我们希望通过不杀害或威胁海洋哺乳动物的其他方式进行研究，尽管我们很清楚海军所致力的研究对国家安全至关重要。"许多环保组织则对低频活动声呐——海军另一个引起争议的声呐研究项目表示关注。

对鲸鱼自杀之谜，科学家们做了种种推测，普遍认为是出于人类社会的某种原因才出现这样的悲剧。但联想到其他动物群体中一些难解的现象，鲸鱼的集体自杀也许是其"社会"中的一次集体行动。

●海边风干的鲸骨

●解剖鲸鱼尸体

恐怖的 "魔鬼巨鳄"

美国国家地理协会在 2001 年 10 月 26 日声称，世界上最大的古鳄鱼化石，史前最恐怖的地球动物——"魔鬼巨鳄"已经被他们发现，这种鳄鱼比现存最大的鳄鱼大 10 ~ 15 倍。这可以说是继恐龙之后，史前动物考古中最惊人的消息了。

●鳄鱼是一种食肉动物，以凶残著称。

1997 年和 2000 年赛罗诺的科研队伍除了挖掘到 3 具成年和 3 具未成年的鳄鱼的骨骼化石之外，还发掘出此种神秘古生物的头盖骨、脊椎、股骨和一段长达 30 厘米的甲壳状的鳞片化石。保罗和同伴们凭借这些化石拼出了大半个神秘史前生物的形状，在考古小组的面前浮现出的是"魔鬼巨鳄"狰狞的面孔。

在位于非洲中西部的尼日尔的 Tenere 大沙漠里，古生物学家们找到了长达 12 米、重约 10 吨的化石。据研究人员声称，这种现代鳄鱼的远亲生活在 1 亿年前，在印度地区发现的马来鳄和它有很近的亲属关系；但是马来鳄没有古鳄鱼那么庞大。古鳄鱼是恐龙家族最大的敌人。

专家们为此种鳄鱼命名为"魔鬼巨鳄"，它除了惹人注目的庞大体形外，引起专家兴趣的还有巨大的球形的嘴部末端——据说，这也是鳄鱼长寿的特征。

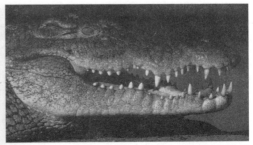

●"魔鬼巨鳄"通常生活在河流附近，其锋利无比的牙齿能保障它猎取充足的食物。

赛罗诺教授声称，这么庞大的爬行动物，也许是世界上真正的"食肉之王"。普通的鳄鱼在湖边或海边生活，而"魔鬼巨鳄"通常在河流附近生活——如果有恐龙去喝水，很可能就成为它的美餐了。

令现代人感到十分恐怖的"魔鬼巨鳄"生活在史前白垩纪中期的非洲大陆上。

根据保罗的最初论证，"魔鬼巨鳄"生活在水中的时间占多数，以水下伏击捕食为生。在水中捕食的时候，"魔鬼巨鳄"可把整个身体埋在水中，但浮在水面上的却正好是眼睛部位，时刻能观察岸边猎物的动静。"魔鬼巨鳄"的顶部长着圆形的大疱状的东西。研究人员认为这可增强"魔鬼巨鳄"的嗅觉，甚至有利于发出叫声。

成年"魔鬼巨鳄"窄且长的嘴内分布着大小100多颗非常尖利的牙齿，拉尔森称这样的牙齿为"铁道路镐"。牙齿分布的特点可以证明，"魔鬼巨鳄"不光食鱼类，它还吃小恐龙和其他动物，例如巨型乌龟。

"魔鬼巨鳄"从头到尾包着鳞片，厚厚的如同装甲。"魔鬼巨鳄"鳞片上的花纹和树的年轮一样，按照保罗的说法，"魔鬼巨鳄"有50～60年的寿命。

"魔鬼巨鳄"化石可以说是地球史前生物考古史上稍逊于恐龙化石的发现。美国哥伦比亚州立大学古生物学家戴维·斯科威默尔宣称："这一重大的发现弥补了地球生物进化史上鳄类的一段历史空白，有助于帮助人类对地球生物的进化史做更进一步的了解。"

●我们现在可以看到的鳄鱼，虽然没有"魔鬼巨鳄"庞大、凶猛，但依然是很血腥的动物。

科学求索

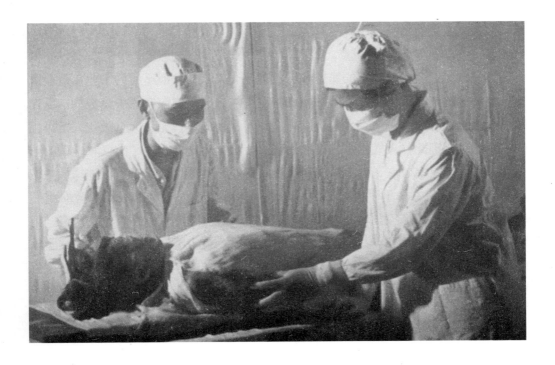

"温室效应"的争议

近年来，全球气候逐渐变暖，科学家们根据长期观测得到的大量数据分析指出，全球气候在20世纪明显变暖，跟20世纪初相比，现在的平均气温上升了0.5℃，这种温暖期是过去600年里从未有过的。

全球气候在整个20世纪确实一直在变暖，但气候变暖是不是因为"温室效应"呢？会不会持续变暖呢？对此，众说纷纭。

有些科学家认为20世纪气候变暖是"小冰期"气温回升的延续，是自然演变的结果，跟"温室效应"无关。在地球存在的46亿年中，气候始终在变化，并且是以不同尺度和周期冷暖交替变化的，也就是说，20世纪气候变暖是正常的自然现象，人们不必恐慌，到了一定的时期气温自然会变冷。科学家经研究发现：第四纪也就是距今250万年前，地球上出现了多个不同尺度的冷暖变化。周期越长，气温变幅也越大。周期为10万年左右的冰期，气温变化了10℃；周期为2万年的，气温仅变化了5℃。在近1万年中，这个规律依然在起作用：10年尺度气候变化的变幅是0.3℃～0.5℃；100年尺度气候变化的变幅为1℃～1.5℃；1000年尺度气候变化的变幅为2℃～3℃。

但还有些人反对以上观点，他们认为，全球气候变暖是因为"温室效应"，而人类是造成"温室效应"的罪魁祸首。近几十年来，发展迅速的工业制造业以及日益增多的汽车等，导致燃烧矿物燃料越来越多，人类向空气中排放的二氧化碳大大增加。加上绿色植物尤其是森林遭到了极大破坏，无法大量吸收人类排出的二氧化碳，因此，大气层中的二氧化碳浓度大大增加，阻碍了大气和地面的热交换，引发"温室效应"。大量的二氧化碳既能吸收热量，又阻止了地球散热，地球热交换因此失去了平衡，导致全球气温不断升高。一个权威性的政府组织IPCC（政府间气候变化小组）对全球气候变暖的问题进行了大量详尽的研究，他们明确指出了大气中二氧化碳含量的增加是全球变暖的主要原因。IPCC的科学家们利用电脑收集了大量的技术发展预测、人口增长预测、经济增长预测等相关资料，再根据对未来100年里排放到大气中的二氧化碳数量的35种估计值，做出了7种不同模型来预测全球气候，最终的结论是气温在未来100年可能增加1.4℃～

●湿地是野生生物，特别是昆虫、鱼类、鸟类最佳的生存环境，但是全球气候变暖已经严重威胁着湿地的生态环境。

5.8℃。如果这种预测变成现实，地球将会发生一场大灾难。农业将遭到毁灭性打击；海平面将上升，淹没更多陆地，并导致淡水危机；各种自然灾害将轮番发生，生态平衡将遭到破坏。据英国《观察家报》2004年1月11日报道，由多国科学家组成的国际研究小组在最新一期英国《自然》杂志上发表研究报告称，全球变暖将导致世界上1/4的陆地动植物、即100多万个物种将在未来50年之内灭绝，这必将对人类的生存造成灾难性的影响。为此，英国多位著名气候专家在剑桥大学召开会议，商讨防止地球继续变暖的办法。

尽管"温室效应"论十分盛行，但也有不同的声音。不少科学家认为目前地球正朝低温湿润化方向发展。他们认为，尽管20世纪的气温总体上呈上升趋势，但二氧化碳浓度变化与气温曲线变化并非完全一致，20世纪的40～80年代，有过降温的过程。这种看法也不无道理，他们从两个方面提出证据支持自己的观点。

首先，他们认为，气候变化受地球自身反馈机制的影响。一方面，由于大气与海水间存在着热交换，气温升高时，热交换增强，海水吸收热量升温后，对二氧化碳的溶解度也会增加。不仅如此，气温的升高还会增加地球上的生物总量，寒冷地带由于变热，生长在那里的植物生长期变长，植物带也在高温的作用下移向高纬度的地方，二氧化碳被森林吸收后，要经过更长的时间才能回到大气层。另一方面，由于空气极度湿润，植物残体在这种情况下不能充分分解，以泥炭的形式储存到地壳，这正是碳元素从生物圈到地圈的转化过程。

其次，气温上升过程中产生的水蒸气也能起到一定程度的缓解作用。气温升高导致蒸发加剧，大气含水量增加，形成一些云，大量的太阳辐射会被这些云反射、散射掉，从而缓解气温的上升。

气象系统是十分复杂的，无论地球变暖是否是因为"温室效应"，我们都应该加以关注。相信总有一天我们会弄明白地球变暖的来龙去脉，从而改善环境，造福人类。

撒旦的诅咒——厄尔尼诺

近些年，每当人们讨论气候和自然灾害的时候，往往会提到这样一个名词：厄尔尼诺。在各种媒体上，它的出现频率也非常高。在人们眼里，厄尔尼诺显然已成了"灾星"的代名词。

厄尔尼诺是南美洲秘鲁渔民最早对影响当地鱼流的秘鲁近海暖洋流的通俗叫法，在西班牙语中是"圣婴"的意思，指的是圣诞节前后发生在南美洲的秘鲁和厄尔尼诺附近，即赤道太平洋东部和中部海水大范围持续异常偏暖现象。厄尔尼诺现象不仅扰乱秘鲁渔民的正常渔业生产，引起当地气候反常，而且在厄尔尼诺现象强烈的年份，还会给全球气候带来重大影响。主要表现在：从北半球到南半球，从非洲到拉美，气候变得异常，该凉爽的地方骄阳似火，温暖如春的季节突然下起大雪，雨季到来却迟迟滴雨不下，正值旱季却洪水泛滥……据记载，从 1950 年以来，世界上共发生 13 次厄尔尼诺现象，其中 1997 年发生并持续至今的一次最为严重。

●厄尔尼诺现象引起的洪涝灾害令印度尼西亚许多居民无家可归。

现在，对厄尔尼诺已有了一个基本一致的定义，用一句话来说：厄尔尼诺是热带大气和海洋相互作用的产物，它原是指赤道海面的一种异常增温，现在其定义为在全球范围内，海气相互作用下造成的气候异常。它表示一系列的海－气反常现象，主要有以下几方面：东太平洋赤道以南海域冷水区的消失；太平洋赤道地区东南信风的消失；西太平洋赤道地区的热水向东部扩散；由上述三种现象引起的一系列气候反常。据专家统计，厄尔尼诺大约每过 2 ～ 7 年出现一次，但却没有一定的周期性，每次发生的强度不尽相同（即表层海温的异常程度不同），持续时间也有差别，短的持续半年，长的持续一年以上。

但到目前为止，科学家们依然没弄清厄尔尼诺现象发生的原因。

有一种观点目前较为盛行，这就是大气因子论。这种观点认为，赤道太平洋受信风影响，形成了海温和水位西高东低的形势。与此同时，在赤道太平洋西侧的上升气流和东侧的下沉气流的影响下，信风会加强；一旦信风减弱，太平洋西侧的海水就会回流东方，赤道东段和中段太平洋的海温因此会异常升高，从而导致厄尔尼诺现象的发生。

气象学家已证实，厄尔尼诺确实会引发世界上一些地区气候异常及气象灾害，如干旱、洪涝、沙尘暴、森林大火等。因为海洋在厄尔尼诺的影响下，表面温度上升 3℃ ～ 6℃，导致地球大气的正常环流受到干扰。结果全球气候都因此变得异常，自然灾害迭起，并最终影响地球陆地生态系统。

随着科技的发展和科学家经验的积累，在过去的几十年中，对厄尔尼诺的研究工作已取得较大进展。

1997 年 9 月，科学家们利用气象监测卫星收集到了大量数据，并据此得到了一张图片。他们发现了一块水域，其水面要高出正常情况 33 厘米，这是因为肆虐的信风推动了温暖的热带海水。它表明，一次剧烈的厄尔尼诺现象正在进行中。果然，在随后的几个月中，该水域对气候的影响逐渐显露出来，全球各地区几乎无一幸免。

今天，天文学观测手段和计算机技术越来越先进，厄尔尼诺现象也越来越被人们所了解，但依然有很多未解之谜需要我们继续探索研究。

●科学家利用气象卫星探测厄尔尼诺现象。

会"翻跟斗"的地球磁场

●磁石依靠其南、北磁极吸引铁屑。

为什么指南针会始终指向南方，这在古代曾是一个无法解答的难题，一直到 1600 年才由英国宫廷医生吉尔伯做出科学的解释。原来地球本身就是一个大磁场，北磁极（N 极）在地球的南端，南磁极（S 极）在地球的北端。正是这个大磁场，吸引着磁针始终指向南方。

但是，法国科学家布容于 1906 年在法国司马夫中央山脉地区对这里的火山岩进行考察时，却意外地发现那里的岩石的磁性与磁场的方向相反。此后，这一类现象越来越多地被发现，对它的研究也越来越深入。人们终于发现，地球的磁场并非永恒不变的，现在位于南端的北磁极会转到北端去，而位于地球北端的南磁极则会转到南端去。这就是物理上所称的"磁极倒转"。

在研究中科学家还发现磁极倒转的现象曾在地球的历史上发生过许多次。据统计，仅在最近的 450 万年里就有四次，即"布容正向期"、"松山反向期"、"高斯正向期"和"吉尔伯反向期"。但是，地磁场方向在每一个磁性时期里，也并不是始终如一的，有时会发生被人们称为"磁性事件"的短暂的极性倒转的现象。

当然，在更古老的地质历史时期里也同样存在着地球磁场的这种"翻跟斗"式的变化，只不过时间太过久远，我们还没有办法对其变化的具体时限进行确定。

那么为什么地磁场会发生变化呢？有人认为，这可能是地球被巨大的陨石猛烈撞击后导致的结果，因为猛烈的撞击能促使地球内部的磁场身不由己地翻转一个跟头；也有人认为，这与地球追随太阳在银河系里漫游相关，因为银河系自身也带有一个磁场，这个更大的磁场会对地球的磁场产生影响，从而促使地球的磁性会像罗盘中的指南针一样，随着银河系磁场的方向而不断地变化；还有人认为，由于地球本身的演变导致了磁极倒转的发生。总之，关于地磁场变化的原因，众说纷纭，莫衷一是。

神秘的"多个太阳"现象

中国"后羿射日"的古老神话中说天空曾出现过 10 个太阳。虽然这只是一个美丽的传说，但天空中出现多个"太阳"，却是有史书记载的。

相传赵匡胤陈桥兵变时，天上就出现了两个太阳。赵匡胤借此天体异象发动兵变，黄袍加身，创下了宋朝百年基业。

1933 年 8 月 24 日上午 9 时 45 分，在中国四川省峨眉山的上空，太阳的左面和右面，分别有一个太阳，人们对此惊奇不已。

1934 年 1 月 22 日和 23 日，上午 11 时至下午 4 时，古城西安也出现了 3 个太阳并排在天空的奇景。

1965 年 5 月 7 日下午 4 点 25 分和 6 月 2 日晨 6 时，在南京浦口盘诚集的上空，连续两次出现了 3 个太阳并排在空中的景观。

太阳系中只有一个太阳，这是不容置疑的，那这种现象到底是怎么回事呢？

其实，这是由大气变化所引起的。

●太阳光被折射后会形成晕。

在离地面6千米～8千米的高空中，一年四季气温都非常低，这里有大量不同形状的冰晶体，随着大气上下翻滚。当阳光照到这些小冰晶上，它们就如玻璃三棱镜一般折射太阳光，或者如镜面般把太阳光反射回去。由于阳光被折射后光就从不同角度发出去，这样就在太阳周围绕成美丽的光环——晕。

彼得堡的学者洛维茨在1970年夏季曾见到这样的奇观："有两个虹彩的光圈在太阳的周围。一个大，一个小。在它们的上面和下面各有一个发出亮光的半弧，就像两个宽大的牛角与光圈上下相连。一条与地平线平行的白色光带从太阳和虹彩光圈中间穿过，在蓝天上环绕。有两个光彩夺目的幻日出现在白色光带与小光圈交叉的地方。幻日面向太阳的一侧为红色，而背离太阳的一侧则拉着一条很长的发光的尾部。在白色光带上能看见3个同样的光斑正对着太阳。在太阳上面的小圆环上第6个耀眼的斑点在不停地闪烁着。这一复杂的光晕现象在天空中持续了5个小时之久。"

光学原理造成了这一让世人惊奇不已的自然现象，其实真正的太阳只有一个，其余的都是虚幻的影子罢了。

●四日同辉

神秘的记忆移植

　　传统心理学将人们在过去生活中不断积累的知识与经验在大脑中的反映称为记忆。另一种关于记忆的说法是来自认识心理学，其观点是：信息的输入、编码、储存和提取的过程就是记忆。一个正常成人的大脑分为左右两个半球，重约 1400 克。大脑最重要的部分是大脑皮层，它厚约 1.3 毫米～4.5 毫米，若是将它全部展开，面积可达 7200 平方厘米，它是重要的心理活动器官，其结构和功能相当复杂。那么，是大脑的哪个部位将输入的记忆信息储存起来了呢？记忆可以移植吗？

　　在科幻电影中有移植记忆的情节，将一个人的记忆通过某种仪器移植入另一个人的大脑当中，植入者不但拥有了前者的全部记忆，而且也可以将许多知识、技能同时植入其脑中。那么，这种出现在电影中的神奇景象是否也会出现在我们的现实当中呢？

　　另外，究竟移植记忆有哪些现实意义呢？假如可以移植记忆，也许你会产生这样的想法：我一定会成为第一批试验者之一；假如可以移植记忆，我希望烦恼永远离我而去，让快乐始终充满我的脑海。如果记忆真的可以成功移植，这项技术将对人类生活产生重大而深远的影响，我们的生活也将随之发生巨大的变化。

　　荷兰化学家戴维德曾尝试在老鼠身上进行移植记忆的实验。他将从某只老鼠的大脑中分离出的一些记忆物质，移入另外一只老鼠的大脑中，实验结果表明，接受移植的老鼠的记忆状况和感受能力都有了改变。

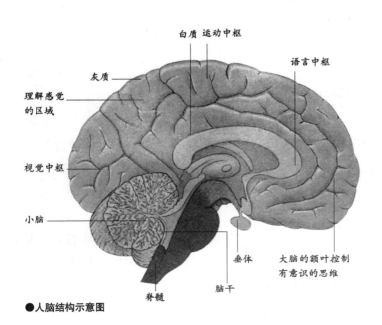

白质　运动中枢
语言中枢
灰质
理解感觉
的区域
视觉中枢
小脑
垂体
大脑的额叶控制
有意识的思维
脊髓
脑干

●人脑结构示意图

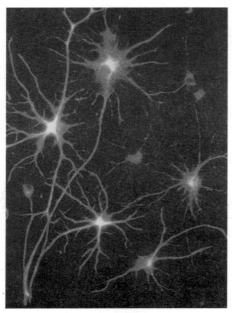

●人类的大脑就像一个功能强大的网络系统，其中包含了数十亿个脑神经元，它们对于记忆的存储和提取发挥着重要的作用。

整个欧洲因为此项实验的成功而轰动，实验得出的结果也令科学家们激动万分。

早在 1978 年，原联邦德国生物学家马田就开始尝试给蜜蜂进行换脑实验。他首先选择培训对象，让两只健康的蜜蜂每天都在固定的时间从蜂房飞出，然后让它们飞到另一个蜂房，在那儿放置了一碗蜜糖让其寻找。经过一段时间的培训，这两只蜜蜂便形成了每天在固定的时间都要飞出去一次的习惯。这之后，马田将它们脑神经中的一点物质取出，并将这些物质分别注入两只未经过任何训练的蜜蜂的神经组织中，结果奇迹出现了：这两只小家伙每天也在相同的时间飞到另一个蜂房中寻找蜜糖，如同前两只经过培训的蜜蜂一样。由此可以证明，前两只蜜蜂的记忆被移植到了后者的脑中，移植记忆的实验成功了。

在对动物进行的脑移植试验过程中，科学家们受到启发：记忆的传递完全可以建立在物质基础之上，并能够实现在不同大脑之间的相互交换。

从以上两例实验的成功中能够推断，人的记忆从理论上也可同动物的记忆一样进行移植。当然，科学家们若想从一个人的脑中取出一些记忆物质植入到另一个人的脑中，这几乎是不可能的。但是可以采取其他的一些模式，如把一个人大脑中储存的知识完全复制到另一个人的大脑中。科学家能够把一个人的大脑活动情况通过某种仪器记录下来，然后如同给电池充电一般，再通过另一种仪器将这些信息输入到另一个人的大脑中去，使此人也获得该信息。这种模式被科学家们称为"充电"模式。除此之外，还有其他一些模式也被科学家所采用。

科学家的目的是希望找出一种获取知识的突破式新方法，让我们从书本知识共享的时代进入到一个全新的脑资源共享的时代。其实，移植记忆的真正意义在于，通过对该课题的研究，我们会加深对大脑这一神秘的意识载体的了解，使人类向着生命科学研究的更深层次迈进。

会呼吸的水晶头颅

●米切尔·海吉斯发现的水晶头骨

1924 年，英国探险家米切尔·海吉斯在中美洲的鲁班埃顿古城发现了一个水晶头颅，这个水晶头颅相当精致洁净，长约 18 厘米，宽高各约 13 厘米，重约 5 千克。在形状与构造上，几乎完全等同于人的头颅。让人奇怪的是，尽管头颅本身没有什么色泽，但是它能放射出一种明亮无色的光，仿佛夜晚明月的光环一样。如果把它放在房间里，将会有某种声音不时地从屋子的四周发出来。那声音不像是乐器发出的声音，而更像是从人的嗓子里发出的柔和的歌唱声，在它发出的声音中还有一阵阵响亮悦耳的银铃声伴随其中。

水晶头颅还能刺激人的大脑中枢神经，使人产生五种感觉：味觉、触觉、嗅觉、视觉和听觉。当人们看着头颅时，它的颜色和透明度会出现明显的变化，同时还会有一种香味散发出来；它能使观者听到声音，让人浮想联翩，并使人感到口渴。凡是站在水晶头颅前静静深思的人都有这些感受，同时身体以及脸部也会感受到某种压力。如果一个感觉灵敏的人把手放在头颅附近，他就会感到一种特别的震颤和推力，而且手的冷热感觉随手在头颅上下左右的位置不同而出现变化。

除了有节奏感的叮当声和人们发出的微微呼吸声外，还有各种神秘的感觉和声音出现在屋子的周围。夜里还会出现奇怪的鸱鹆叫声和其他各种轻微的声音。

●米切尔·海吉斯和她发现的水晶头骨在一起。

●卡罗尔·威尔逊和头骨在默默"通灵"信息。

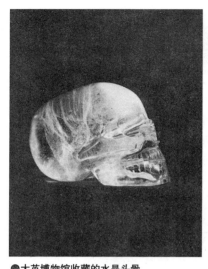

●大英博物馆收藏的水晶头骨

多伦特博士对这个水晶头颅研究后曾说："头颅常常处在不停地运动状态之中，它的透明度、色彩都不断在变化。头颅的前面部分有时会变得模糊不清，就像软棉花糖一样，头颅的中间部分有时却变得非常透明清澈，在视觉上会产生有一个大洞的错觉。整个头颅的水晶颜色会变化成一块块绿色、紫罗兰色、琥珀色、红色、紫红色、蓝色等。头颅对大多数观看者还会产生催眠作用。"更重要的一点是，由于水晶是折射性能极好的物质，物体形象通过水晶体会被散射或分解，而亮度和视角却没有出现什么变化，这样，这个水晶头颅十分适合于做占卜用的反射镜。有人说，这个水晶头颅与当地宗教有十分密切的关系。

在大英博物馆里还有一颗水晶头颅，自1898年水晶头颅入展后，各国考古学家们纷至沓来，竞相考证，询问这件珍品的来历。但是，这里的统计资料往往使他们大失所望，因为上面只有那句简单说明词："水晶人头，1898年从美国纽约'提法尼'珠宝店购进，可能是殖民时代拉丁美洲阿祖提人的杰作。"

第三颗水晶人头陈列在法国巴黎人类博物馆，在那里他们会向你进行较为详细的介绍。在一个经常被众人围观的玻璃柜前，从该馆人员的解说中你可以知道："经科学鉴定，这颗水晶人头被认为由14或15世纪墨西哥印第安人——阿兹特克人制作。从历史和宗教角度分析,估计它是用来装饰阿兹特克人的一个祭司牧杖，从而证明中古时期阿兹特克人已懂得欣赏水晶的美丽和水晶的制作技术。表明他们很早就懂得怎样冶炼铜，因在这颗水晶人头附近，有不少精制的小型铜工具。看来阿兹特克人是用铜制工具雕制成这个水晶人头的。"在众多听众中只有英国几个考古学家对此种解说无法理解，因为拉丁美洲的印第安人，于20世纪40年代还在密林中过着原始生活，无法设想墨西哥的印第安人能在14或15世纪冶炼出铜并制出铜具，而又拥有如此高超的雕刻技艺。可见，法国对第三颗水晶人头的解说要得到更多人的认可，还有待于考古学家考证。

究竟是什么人在什么时候制作了这3颗水晶人头？它们是做什么用的？仅仅是作为一种装饰吗？还有一种说法,认为祭祀时为镇住妖魔鬼怪而制作水晶人头。考古学家对这些传说并没有取得一致意见，还有待进一步探索。

木乃伊心脏跳动之谜

世界闻名的古埃及木乃伊不仅数目众多，而且保存完好，这实在让世人为之惊叹。到目前为止，人们已经在埃及这块神秘的土地上挖掘出了多少木乃伊，已无确切的统计。人们也无法估计在那里究竟还存在多少未被发掘的木乃伊。

随着一项项工作的展开，一具具木乃伊的出土，一个个新的问题层出不穷，一件件令人震惊、难解的蹊跷事也不断涌现出来。在卢索伊城郊外

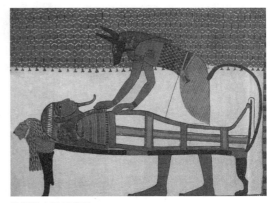

● **制作木乃伊壁画**
在埃及的信仰中，冥神是人身豺首的形象，因此在制作法老的木乃伊时，要由专门的人员装扮成冥神的样子来进行。

出土的一具木乃伊里装有一个奇特的心脏起搏器，便让世人为之震惊。

在埃及卢索伊城郊外，人们将一具刚出土的木乃伊抬出墓穴，在准备将其交给国家文物部门收藏之前，先对其进行初步处理。一名参与处理工作的祭司在整理过程中，似乎觉得这具木乃伊存在某些与众不同的地方，于是他就仔细地检查眼前的木乃伊。让他大为吃惊的是，他发现从这具木乃伊体内发出了一种奇特的有节律的声音。他循着声音找去，发现声音是从心脏发出来的，仿佛是心脏在跳动时所发出的声音。难道是这个死者的心脏还在跳动吗？人们对此感到难以置信，因为这实在是不可能的。那么会不会是什么东西被藏到了这具木乃伊的心脏里了呢？人们一时无法知道，因为他们还不敢去拆开那缠满白麻布的尸体进而揭开这一谜底。他们立即组织人将其原封不动地送到了地方诊所，地方诊所也不敢贸然处理这具奇特的木乃伊，随后，它被转送到了具有丰富经验的开罗医院。

接到这具转送来的木乃伊后，开罗医院组织了一些经验丰富的专家对其进行检查，然而，他们仍然无法从尸体的表面查清声音存在的原因，于是决定进行解剖检查。医生们将缠满尸体的白麻布拆开，对尸体进行了解剖，这时他们发现有一具起搏器位于尸体心脏的附近。这个能在2000多年后仍然跳动的黑色起搏器引

起了医生们的极大兴趣，他们利用先进的仪器对其进行了测试，发现这个起搏器是用一块含有放射性物质的黑色水晶制造的。在世界上现存的水晶中，人们从未见到过黑色的水晶，而只见过白色的和少数浅红色的或紫色的水晶。

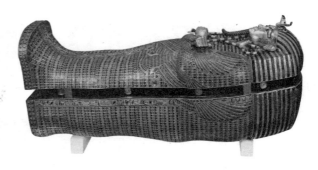

●木乃伊金棺

埃及法老的木乃伊就存放在这种豪华的金棺中。

医生们发现，虽然这个 2500 年前的心脏早已干枯成为肉干，但它还是随着起搏器的韵律而跳动不止。它那"怦怦"的跳动很有节奏，每分钟跳动 80 下，人们可以清楚地听到。

开罗医院随后将这一重大发现公布于众，并将这个起搏器重新安放到木乃伊体内，让人们前来参观。这一惊人的消息不仅吸引了众多的考古学家，大批电子学家也对其产生了兴趣，他们从世界各地纷纷赶到开罗医院，对这具身藏心脏起搏器的木乃伊进行参观、探究。大家都对这个神秘的起搏器叹为观止，同时，人们也都提出了这个黑色的水晶来自何方的问题。

在 2500 多年前能懂得黑水晶含有放射性的物质并可以使心脏保持跳动的是些什么人呢？另外人们又提出，作为协助心脏工作的心脏起搏器，一定是在人活着的时候被安放到人体内的。那么在古埃及的落后的医学条件下，当时的人们又是如何将如此先进的起搏器放入人的胸腔里去的呢？

专家们在这一系列难题面前陷入了深深的思考。有人认为，在文化发达的古埃及可能存在过一些具有特殊能力的术士，这一历史奇迹就是这些术士利用奇异的手段创造出来的。那么，这个黑色的水晶起搏器是由什么人制造并植入人体内，它到底来自何处呢？这个难解之谜只能留待后人来解开了。

●科研人员在拆解包裹木乃伊的白麻布。

地球上的飞碟基地

　　有谁会相信地球内部可能存在着飞碟基地？但根据飞碟专家的深入研究发现，飞碟的来源存在三种可能性，即外太空、内太空和穿过时间隧道的未来人。这里的内太空就是指从地心到大气层的地球本身。对地球内部存在着飞碟基地的说法，许多人认为不可置信。

　　但是一位美国海军少将拜尔德的日记的公开，使得这一说法得到佐证。拜尔德曾于1947年2月率领探险队从北极进入地球内部，在那里发现规模庞大的飞碟基地和地面上已绝种的动植物，还有拥有高科技的"超人"。但此讯息被美国政府封锁，直到四十多年后，随着日记的公之于世，才为世人所知。

　　依据日记记载，当时拜尔德驾驶的飞机突然进入一个地方，并与地面失去联系。他发现那里地势更加平坦，而且还分布着闪闪发光的发出彩虹般色彩的城市，而空中飞行的飞机似乎被某一种奇特的浮力托着，在这种无形力量的支配下，拜尔德无法控制飞机，令人费解的是在舱门右侧和上端出现带有无法明了其义的符号的碟形发光飞行器，更不

●正在机上检查仪器的拜尔德

可思议的是，竟从无线电传出带着德语音调或北欧音调的英语"欢迎将军的光临"，并让拜尔德放心，说过不了7分钟，飞机将完全降落。话一说完，飞机的引擎停止运转，在轻微的震动中，飞机平安着陆，这时几位没有携带任何武器的，金发碧眼、皮肤白皙、体形高大的人出现了。

　　在这一基地，他遇到一些人，通过与那些人的交谈，他得知这个地下世界名叫"阿里亚尼"。这个基地的人对外界的关注始于美军在日本广岛投下两颗原子弹，为了调查那个时代发生的事，他们派遣许多飞行器到地表活动。他们自称，地上

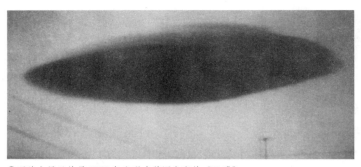

●照片上显示的是 1972 年出现在英国上空的"飞碟"。

世界的文化和科技要比地下世界落后数千年，他们原先对地上世界的战争不加干涉，但因原子武器破坏性太强，他们不愿再见到人类使用原子武器，因此曾派人与超级大国交涉，希望能劝他们停止使用原子武器，可惜未成功。这次借邀请将军的机会警告地上世界可能会走上自我毁灭。那些人还对地上世界对他们派出的使者的不友好的待遇发出抱怨，声称飞行器也经常遭到战机的恶意攻击。人类文明之花遭受战争的蹂躏，人类社会的黑暗幕布已经降落，这些将使全世界陷入混乱中，世界将成为一方废墟，但地下世界的人将协助地上世界的人从废墟中重建新世界。

结束会晤后，拜尔德沿原路前往通信员停留的地方，与他会合。临行之前，无线电传来德语"再见"，他们经由两架飞行器的引导而升空至823米，27分钟后，他们平安地在基地着陆。

拜尔德一回到美国随即参加美国国防部的参谋会议，并且向杜鲁门总统做了汇报。为了证明他所作汇报的真伪，他被最高安全部门及医疗小组调查，后被有关方面告知严守机密。拜尔德身为军人，只能服从命令，因此，关于那个基地的秘密，被美国政府封锁了多年，但在他 1955 年 12 月 24 日的日记中，他写道："那块土地在北极，那个基地是一个巨大的谜。"

拜尔德公开的日记的真伪一直为世人所争论。"阿里亚尼"是否真是一个飞碟基地也一直为科学家所争论不休，但无论如何，内太空作为飞碟的来源之一存在可能，它的进一步确定还等着科学家的进一步研究。

●根据"地球中空"理论制造的地球仪

印第安人的人头缩制术

西方人想躲避灾祸，会敲敲木头或采取一些什么魔法对付给自己造成威胁的人，你会认为他们的做法很可笑吧？但有时不少抵挡敌人的原始仪式和方法又似乎能起作用，或者以前曾经起作用，也许正因为大家知道这些方法被别人用过，所以认为可以恫吓敌人。希瓦罗族印第安人的事例就说明了这一点。南美洲被西班牙人征服之后，希瓦罗族是少数残存下来而且保留自己民族特征的印第安部族之一。

公元前1450年前后，印卡部队在尤潘基的率领下攻打基多王国南厄瓜多一个省份，当时军中传说这一次征战意义重大。本来印卡士兵全部训练有素，勇猛好战，但这一次是一帮特殊的希瓦罗族战士作为

●全副武装的印第安人泥塑像

威风凛凛的印第安战士，连同充满恐怖色彩的缩制人头术，令敌人闻风丧胆。

他们的对手，因此印卡部队不免有点犹豫。希瓦罗人对缩制敌人人头很在行，并且满足于砍下敌人脑袋留做战利品，人头被他们缩成拳头那样大小，死者不散的灵魂也永不得翻身。

●印第安人面具

印卡人倒不怕被人砍掉脑袋拿去当战利品炫耀，因为这也是他们的惯施之技。3000年前这种习俗在南美洲十分普遍，没有什么可奇怪的。但印卡人相信头脑内藏有灵魂，所以最怕灵魂受制不得脱身。希瓦罗人缩制人头为的正是要把敌人的灵魂牵制住。希瓦罗人在把人头缩制之前，仿佛要举行某种仪式，以使脑袋里的灵魂不能报复杀死他的人。

为了炫耀胜利，别的部落民族战士才砍下敌人脑袋，而希瓦罗人却要举行仪式来缩小敌人的脑

●印第安人的头饰

●印第安民族的传统服饰

●印第安人花鞋

袋，使干瘪头皮困住敌人的灵魂，不再兴风作浪。否则，死者的灵魂即会报复杀害他的人。希瓦罗人相信死者灵魂若不用这种方法禁锢起来，自己将永无宁日。因此，如果说希瓦罗人也有害怕的事物，就是敌人那逃掉的灵魂。

希瓦罗人割取的脑袋大都是近邻阿希亚利族人的，因为这两个部落水火不容，世世代代互相仇杀。如果找不到阿希亚利人，希瓦罗各部落之间也会爆发战争，但是战斗中只限一般的打斗，一条规定被双方严格遵守，就是不得把脑袋砍掉。缩制猎回的人头通常要好几天的时间，或者是在武士回乡后，再进行缩制工作，不然就常在凯旋途中举行缩制仪式。在每一次缩制过程中，都要有大吃大喝和跳舞的仪式。缩制好的人头，要缝合两眼上下眼皮，以使一心想报复的灵魂无法看到外间世界，缝起嘴来使灵魂无法逃脱，然后在隆重仪式中把干人头用布包好，用陶罐盛起来，通常在得胜战士的茅屋下面埋起来。

●石锤

●锋利的匕首

千年不腐的马王堆古尸

　　1972 年，在中国湖南马王堆古墓中出土了一具女尸，它震惊了世界，为什么呢？原来，尽管历经 2000 年，但这具女尸外形完整，面色鲜活，发色如真。解剖后，其内脏器官完整无损，血管结构清楚，骨质组织完好，甚至腹内一些食物仍存。为什么这具古尸历经千年不腐呢？

　　一般来说，古墓中的尸体留至今天，只会出现两种结果：一是腐烂。因为在有空气、水分和细菌的环境里，大量的有机物质会很快腐烂，棺木也会腐朽，最后尸体也难免烂掉。二是形成干尸。这需要极为特殊的气候条件，在特别干燥或没有空气的地方，细菌微生物难以生存，这样，尸体会迅速脱水，成为"干尸"。

　　马王堆的女尸为何成为"湿尸"而不腐烂呢？其原因是：

　　第一，尸体的防腐处理完善。经化学鉴定，它的棺液沉淀物中含有大量的乙醇、硫化汞和乙酸等物。这证明女尸是经过了汞处理和其他浸泡处理的，硫化汞对于尸体防腐的作用很大。

　　第二，墓室深。整个墓室建筑在地底 16 米以下的地方。上面还有高 20 多米，底径 50 米～60 米的大封土堆。既不透气也不透水，更不透光。这就基本隔绝了地表物理和化学的影响。

　　第三，封闭严。墓室的周壁均用可塑性大、黏性强、密封性好的白膏泥筑成。泥层厚约 1 米左右。厚为半米的木炭层衬在白膏泥的内面，共 5000 多千克。墓室筑成后，墓坑再用五花土夯实。这样，地面的大气就与整个墓室完全隔绝了，并能保持 18℃左右的相对恒湿，光的照射被隔绝，地下水也不能流入墓室。

　　第四，隔绝了空气。由于密封好，墓室中已接近了真空，具备了缺氧的条件。在这种条件下，厌氧菌开始繁殖。存放在椁室中的丝麻织物、乐器、漆器、木俑、

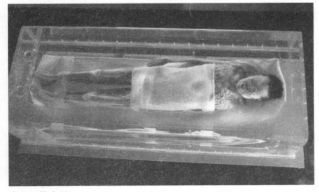

●马王堆女尸

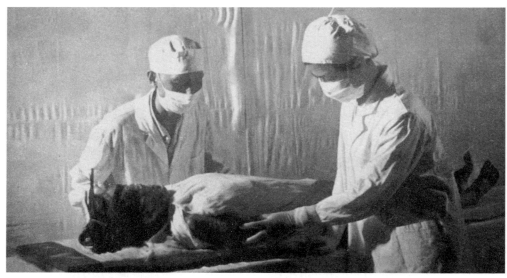

●科学家正在检验女尸

竹简等有机物和陪葬的大量的食物、植物种子、中草药材等，产生了可燃的沼气。从而加大了墓室内的压强。沼气能杀菌。细菌在高压下也无法生存。

第五，棺椁中存有具有防腐和保存尸体作用的棺液。据查，椁外的液体约深40厘米，棺内的液体约深20厘米。但它们都不是人造的防腐液，而是由白膏泥、木炭、木料中的少量水分和水蒸气凝聚而成的。而内棺中的液体是女尸身体内的液体化成的"尸解水"。这种自然形成的棺液防止了尸体腐败，并使得尸体的软组织保持了弹性，肤色如初，栩栩如生。

在重见天日之时，千年的亡魂随同所有出土的文物，散发着迷人的光芒，让人不禁惊叹于造化的神奇。

●马王堆汉墓帛画 西汉

马王堆一号汉墓的彩绘帛画绘制精美。画面呈T形，以繁杂严谨的构图把全画分为上、中、下三部分，上部为天界的景象，人首蛇身的女娲居中，表达了对人生幸福的追求，反映出对生命的肯定和热爱。画中对人和其他生灵的刻画充满了奇异的想象。

细菌带有磁性之谜

1975 年，布莱克摩尔博士在实验中发现了一个怪现象：当他在显微镜下观察含有微生物的水滴时，发现有些细菌很快地向显微镜靠北的一边移动。布莱克摩尔博士以为实验靠北面的窗子射入了更多的光线，诱使这些小东西朝北游动。于是，他换了一个位置，观测到的现象却与先前一样。他又试验了其他几种有可能影响细菌游动方向的因素，细菌并不受这些因素的影响仍旧向北边游动。

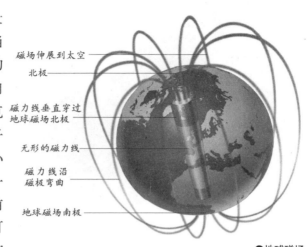

磁场伸展到太空
北极
磁力线垂直穿过地球磁场北极
无形的磁力线
磁力线沿磁极弯曲
地球磁场南极

●地球磁场

到底是什么力量促使这些细菌总是向北游动呢？布莱克摩尔想到鸽子能够依靠地球磁场来为自己导航的现象，他从中得到启示，是否是磁场影响了这些细菌的游动方向呢？他决定用磁铁试一试。当他在显微镜附近放一块磁铁再观察时，布莱克摩尔博士看到了更为奇妙的现象——细菌朝磁铁的北极方向游去。原来这些细菌具有磁性，在地球磁场的作用下它们总是朝北方运动，因此它们的运动是有定向性的。

科学家们在发现这种现象后又想了很多问题，这些细菌感知磁场方向的能力从何而来？为什么它们总是朝北移动？经过反复试验，科学家终于揭开磁性细菌的部分奥秘。原来这些细菌体中有一块很小很小的 Fe_3O_4（天然磁铁矿的成分）的

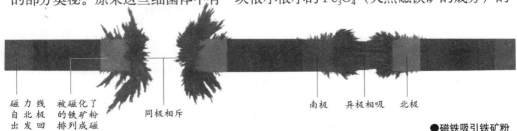

磁力线自北极出发回到南极　被磁化了的铁矿粉排列成磁场方向　同极相斥　　　　　南极　异极相吸　北极

●磁铁吸引铁矿粉

●科学家们对磁性细菌的定向移动进行观察研究

●磁性细菌定向移动

在显微镜下，这些微生物总是朝向一个方向移动，到底是什么力量促使这些细菌向同一方向移动呢？如果是磁场，那么磁性细菌的定向运动是否能够导致现代"磁疗"的某些奇特效能呢？

单畴颗粒。在地球磁场中小磁石的两端像指南针似的指向南、北两极，细菌的"身体"也随着这种取向做定向移动。

既然有朝北游动的细菌，那么有没有朝南游动的细菌呢？科学家们经过不懈的努力，终于在地球的南半球找到了向南移动的细菌。原来，细菌的运动具有对称性，南半球的细菌大多数朝南运动；北半球的细菌大多数是朝北运动；赤道附近的细菌，向两个方向运动的数目大体相等。由于地球磁场是倾斜的，这些细菌的运动实际上也不是正南正北的。朝南运动的细菌在北半球向南向上运动，而在南半球则向南向下；朝北运动的细菌，在北半球向北向下运动，在南半球则向北向上运动。如果再给这些细菌加上一个脉冲磁场，这些细菌就可以逆向运动了。

许多研究者对这些古怪的小东西、这种古怪的运动产生了"古怪"的兴趣。但迄今人们还没有真正地深入认识它们的运动原因。但是磁性细菌的发现明确地指出生物和生物运动受地球磁场的影响，有可能某些"磁疗"的奇特效果就是基于这种原理呢！

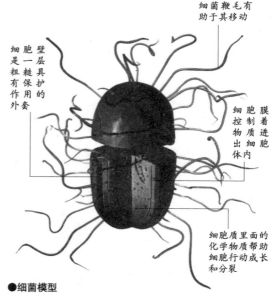

细菌鞭毛有助于其移动

细胞壁层具有保护的一糙保用套是粗有作外用

细胞膜控制着进细胞物质细胞出质体内进

细胞质里面的化学物质帮助细胞行动成长和分裂

●细菌模型

大多数细菌被一层细胞壁包裹着，基因物质并没有包含在核里，而是自由分布在细胞质里，有一些精致的纤毛以使它们黏附到物体表面，余下的则有微型尾部，帮助它们游动。

古印度人制造宇宙飞船之谜

在人们的印象中，高速飞行器械肯定是现代人的发明。但是，考古学家的发现却给出了不同的答案。因为，考古发现，古人不但能够造飞行器械，还能造宇宙飞船。

近年来，人们竟然根据印度古文献仿造出了飞行速度达5.7万千米／小时的飞船。当然，从现代科技的角度去看，也许这是小事一桩。这份文献是从一座倒塌的史前时代的庙宇地下室中发现的，这份资料以古代梵文木简写成。而这种飞船就是大名鼎鼎的"战神之车"。

这份资料详细记载了"战神之车"飞船的驱动方式、构造、制造飞船的原料乃至飞行员的训练与服装等众多细节，篇幅达6000行之多。

这就是说，当人类发明了火车、飞机、飞船并为自己的发明所陶醉的时候，他们根本就没有想到，这些看来非常现代化的工具在几千年前就可能已经存在了，这真让科学家们尴尬。

说起"战神之车"，还要从印度南部古城甘吉布勒姆的424座神庙说起。这些神庙据说最多时曾达到1000座，因而"寺庙之城"就成为这座城市的当之无愧的称号。在这些神庙中，除了湿婆、毗湿奴、黑天、罗摩等众多古印度的神灵雕像外，还有一种飞船的雕塑。这种被雕成不同样式的飞船上面刻有众多神话人物，但"战神之车"却是它们共同的名称。据说这些飞船就是这些神话人物乘坐的坐骑。

研究者们发现，"战神之车"是一种多重结构的飞船，绝缘装置、电子装置、抽气装置、螺旋翼、避雷针以及喷焰式发动机都装备在了飞船上。文献中多次指明飞船呈金字塔形，顶端覆盖着透明的盖子。这简直就是传说中的飞碟。

●古希腊出土的青铜飞船模型

古希腊也发现了宇宙飞船，它与古印度的"战神之车"似乎有某种联系。这不禁让人猜想，古代地球上真有过外星人光临吗？

●恒河风光

　　这份文献是 1943 年从印度南部的迈索尔市梵语图书馆一座倒塌的庙宇地下室中发现的。这些神话故事因为它的发现开始变得更加扑朔迷离了，究竟这些人是神话人物还是真实人物？究竟这种飞船是地球人所造还是外星人所造？连科学家们也无法回答这些问题。

　　飞船的驾驶方法也被记在这份文献中，也就是说早在史前时代，飞船和飞船驾驶员就出现在了印度这个地方。这样看来，人类的科技真像魔术一样神奇。

　　当然，人类科技的发展是从当代和现代才开始的，这已被众多的事实所证明，那么，对古印度的飞船就只有一种解释看上去显得合理一点，那就是根本就不是人类建造了这些飞船。也许那时的人们看到了一个这样的飞船，而这个飞船却是外星人乘坐着到地球上来考察的，然后根据这个也许被外星人废弃了的飞船，当地人仿造出了其他的飞船，而他们将那些外星人当成了神仙供奉起来。但一切都只是猜测而已。

●空中拍摄的凯巴山口照片

公元前 2000 年期间，雅利安人通过这个山口来到印度次大陆，改变了印度河平原上居民的生活和文化，并缔造了一个新的文明。

古希腊人制造过齿轮计算机吗？

　　在 20 世纪初，一位采集海绵的希腊潜水员在安蒂基西拉海峡的水底看到一个巨大的黑影。他游过去一看，发现是一艘古代沉船的残骸，这令他大吃一惊。这个突然的发现使他十分激动，他又一次潜下水，仔细察看，发现有很多大理石雕像和青铜雕像装在古船里面。

　　不久人们成功打捞了这艘沉船。经专家考证，这艘古船沉没在水下已达 2000 年之久。也就是说，它沉没于公元之初。有关组织马上采取措施保护船上珍贵的古代艺术珍宝。

　　然而，人们又发现了另一奇迹，而它的价值，所有雕像都不能及。

　　在工作人员分析、清理船上物品时，他们发现有一团沾满锈痕的东西夹在无用的杂物中。在认真的处理后，人们发现那里面有青铜版，还有一块上面刻有精细的刻度和奇异的文字，有被机械加工的铜圆圈残段。专家们马上意识到这圆圈意义重大，这种东西怎么会出现在古代船上呢？

　　在认真地拆卸、清洗它 2 次之后，专家们更加惊异了。这块青铜版竟是一台由复杂的刻度盘、活动指针、旋转的齿轮和刻着文字的金属版组成的机器。经复制发现它由 20 多个小型齿轮、一种卷动转动装置和 1 只冠状齿轮组成，一根指轴在一侧，指轴的转动会带着刻度盘以各种不同的速度转动。青铜活动版保护着指针，版上面有供人阅读的长长的铭文。

　　美国学者普莱斯用 X 光对这台机械装置进行了检查，最后断定它是一台计算机，太阳、月亮和其他一些行星的运行都可以用它来计算。据检测，它制造于公元前 82 年。世人都为之惊异。要知道，1642 年帕斯卡尔才发明了计算机，而且他当时制造

●海底打捞起来的古希腊青铜塑像

●帕特农神庙遗址

的计算机械十分不准确。虽然希腊人被人们公认是古代最有智慧的民族，但人们对这台古代计算机的出现，还是感到不可理解。

还有，这个机械装置全部是由金属制成的，精密的齿轮转动装置也在其中使用。而人们都知道，在文艺复兴时代才开始使用金属齿轮转动的，必须具备钳、刨、铣等机械加工工具才可以制作它，而在古希腊根本就不存在这些工具。

于是人们又提出这样一个问题：到底是谁制造了这台机器？

有人说，如果确是古希腊人制造了它，那么恐怕要彻底改写古希腊科学技术的历史。但又无法进行这样的改写，因为只有这个计算机的证据，人们并不知道它的制造者。在古希腊和其他一切古代民族的文献中，也从未发现过关于计算机机械的记载。

如果不是古希腊人制造了它，那么必定是远比古希腊人更聪明、工艺水平和科学技术水平也要高得多的智慧生命制造了它。

●阿波罗战车出征画

在太阳远停留在神话中的希腊，居然已经有了测量日月星辰运动的计算机，实在令人惊奇！

星外传奇

宇宙的诞生

宇宙是永恒不变的吗？宇宙有多大？宇宙是什么时候诞生的？宇宙中的物质是怎么来的？关于宇宙的疑问太多了，人们从远古时代就提出了许多诸如此类的问题。

当人类第一次仰望苍穹，看到了广阔无垠的天空和闪闪发光的星星，不禁想知道这一切究竟是怎样产生的。各个民族、各个时代都有种种关于宇宙形成的传说。不过那都是建立在想象和幻想基础上的优美的神话故事。在今天，科学技术的日益发展，使人类有了强大的认识自然的工具，但关于宇宙的成因却一直没有定论，都还处在假说阶段。人们总结了一下，大致有以下几种假说。

第一种假说是"宇宙永恒论"。这种假说认为，宇宙并不是动荡不定的，宇宙中的星体、星体的数目和分布以及它们的空间运动从开天辟地时开始，就一直处于一种稳定状态，宇宙是永恒的。 持这种假说的天文学者把宇宙中的物质分成了恒星、小行星、陨石、宇宙尘埃、星云、射电源、脉冲星、类星体、星际介质等几大类，认为在大尺度范围内，这些物质处于一种力和物质的平衡状态。也就是说，一些星体在某处消逝了，另一些新的星体一定会在另一处产生。宇宙在整体范围内是稳定的，即使发生了变化，也只是局部的变化。

第二种假说是"宇宙分层论"，这一观点认为宇宙的结构是分层次的，恒星是一个层次，恒星集合组成星系是一个层次，若干个星系结合在一起组成的星系团是一个层次，一些星系团再组成超星系，成为

●在 7000 光年远的天鹰座星云中诞生了一颗新星

在云柱的顶端有几个椭圆形的块状物，和巨大的云柱相比，它们显得很渺小，这就是刚诞生的新星。

一个更高的层次。

第三种假说就是到目前为止许多科学家都比较赞同的"宇宙大爆炸"理论。这一观点是由美国著名天体物理学家加莫夫和弗里德曼提出来的。他们认为，大约在200亿年以前，我们今天所看到的天体物质都集中在一起，构成一个密度极大、温度高达100亿度的原始火球。这个时期的天空中，到处充满了辐射，恒星和星系并不存在。后来因为某种未知的原因，这个原始火球发生了大爆炸，组成火球的物质被喷发到四面八方，并逐渐冷却下来，密度也开始降低。

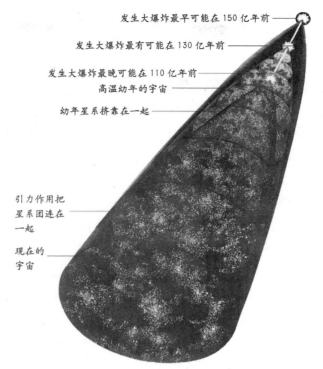

发生大爆炸最早可能在150亿年前
发生大爆炸最有可能在130亿年前
发生大爆炸最晚可能在110亿年前
高温幼年的宇宙
幼年星系挤靠在一起
引力作用把星系团连在一起
现在的宇宙

●天文学家推测的宇宙诞生理论示意图

爆炸发生2秒钟之后，质子和中子在100亿度的高温下产生了，随后的11分钟之内，自由中子衰变，进而形成了重元素的原子核。大约1万年以后，氢原子和氦原子产生。在这1万年的时间里，散落在空间中的物质开始在局部联合，这些物质凝聚成了星云、星系的恒星。大部分气体在星云的发展中变成了星体，因受星体引力的作用，其中一部分物质变成了星际介质。

科学家建造了太空望远镜，并以"哈勃"命名，希望能够借它来确定哈勃常数。哈勃常数是以"哈勃"命名的宇宙膨胀率，多年以来成为宇宙中最为重要的数字。哈勃常数的物理意义就是星体互相抛离的速度和距离之比。常数数值越大，表示宇宙扩张到今天的大小所需的时间就越短，宇宙就越年轻。哈勃常数与宇宙现在的年龄有关，涉及宇宙的过去，还将决定宇宙的未来。宇宙有一个开始，是否一定会有一个结束？宇宙产生于"无"，是否最后的归宿也是"无"呢？

从一开始，人们就围绕哈勃常数展开了激烈的争论。按照哈勃本人测得的数值可以推算出，宇宙的年龄约为20亿岁，但是地球就有40亿岁，这显然是不可能的。很显然，宇宙应该比在它其中的星球诞生得更早。科学家们自20世纪70年代开始，不断地采用各种手段测算哈勃常数，并得出了不同的结果。但是人们从这些数值出发，推算出的宇宙年龄却是大相径庭的。

科学家们一方面围绕着哈勃常数展开喋喋不休的争论，而另一方面，科学家们对某些星体年龄的测定却更为准确。现阶段，天文学家们已经测知，银河系中一些最古老的星系的年龄约为160亿岁。如果是这样的话，大爆炸只能在160亿年以前发生，而根据科学家们最近用哈勃望远镜得到的一些观测结果分析，宇宙的年龄约为120亿岁。这个结论证明：宇宙确实比存在于它其中的古老星系更年轻。

如果测算结果是正确的，那么只能说明原先的假设出现了错误，宇宙可能不是从爆炸中诞生的。

宇宙的年纪这么"小"，再度让自己的身世在人们眼中变得神秘起来。

1999年9月，印度著名天文学家纳尔利卡尔等人对大爆炸理论发起挑战，并提出了一种新的宇宙起源理论。他们把自己的研究成果命名为"亚稳状态宇宙论"，这是纳尔利卡尔和另外3名科学家共同提出的新概念中最重要的观点。

他们认为，宇宙不是由一次大爆炸形成的，而是由若干次小规模爆炸共同形成的。这种新理论认为，宇宙在最初的时候是一个巨大的能量库，被称为"创物场"，而大爆炸理论所描述的是没有时间和空间的起点。在这个能量场中，接二连三的爆炸逐渐形成了宇宙的雏形。此后小规模的爆炸还在不断地发生，导致局部空间的膨胀。局部膨胀时快时慢，综合在一起便形成了整个宇宙范围的膨胀。

以前，人们认为宇宙在时间上是无始无终的，在空间上是无穷无尽的，是无限的。但是在观测中人们发现，宇宙一直在膨胀，只不过是速度慢了下来，这就形成了一个全新的宇宙有限观，这一观点几乎将宇宙无限的旧观念完全代替了。宇宙学家根据观测，推算宇宙在超空期中的一个小点上爆炸，先膨胀再收缩，到最后死亡消散，大约要经过800亿年。现在大约只过了160亿年，宇宙间的一切在以后的600亿年中将逐渐向中心一点集拢，当时空都到了尽头，宇宙也就不复存在了。就像超巨星在热核燃烧净尽，引力崩溃，所有物质瞬间向中心收缩，形成我们至今仍不可见的黑洞一样，成为存在而不可见的超物质，这也许就是宇宙死亡的模型。

寻找宇宙中心

从古至今，人们每天都能看见太阳东升西落，好像太阳在围绕地球运转，这自然会让人们产生地球位于宇宙中心的想法。后来，这种观点被日心说推翻，它认为太阳才是宇宙的中心。那么宇宙的中心到底是什么？地球、太阳、银河系还是河外星系，更或者宇宙根本就没有中心？其实很久以前就有人思考过这个问题，人们通过大量的观测工作记录了许多测量数据，并根据这些数据形成了一些观点和看法，但到目前为止还未形成一个系统的具有说服力的学说。

早在公元90～168年，古希腊学者托勒密就建立起了世界上第一个完整的地心宇宙体系。他在总结前人的观点和测量数据的基础上，特别是针对那时关于行星的观测结果，提出地球处在宇宙的中心静止不动这一说法。恒星均位于被称作"恒星天"的固体球壳上，其他的天体如太阳、月亮、五大行星等都沿各自的轨道绕行在地球周围，每颗行星都在一个小圆轨道上做匀速转动，人们将这些小圆轨道称为"本轮"。"本轮"的中心又在一个被称为"均轮"的大圆轨道上围绕地球匀速转动。这样，在以地球为中心的轨道上，"恒星天"和太阳、月亮、五大行星等各自做匀速运动。

就当时的科学状况而言，托勒密的地心说中许多内容是比较科学的。例如，托勒密在研究天体运动时，建立了新的几何学模型和坐标参考系。另外，他把恒星固定在被他称为"恒星天"的固体球壳上，俗称"水晶球"，至今人们还将这种假想的"天球"概念保留在天文观测上。但是，托勒密的理论是错误的。

●艾特拉斯肩扛宇宙
古罗马人相信宇宙是由天神艾特拉斯扛在肩上运转的。

中世纪期间，欧洲教会就是利用这个错误来维持统治的，使西方认为地球是宇宙中心的这种错误历史延续了 1400 多年。在这段时期，教会总是宣传上帝居住的极乐天堂是最高天堂，"上帝选定的宇宙中心是地球"。教会把地心宇宙观奉为神圣不可侵犯的真理。

但是，教会的统治并不能阻止人们探寻真理的脚步。

从 14 世纪中期开始，随着人类不断扩大生产活动、发展经济，社会需求提高了，一种新的文化潮流在欧洲兴起。15 世纪，航海事业的发展促进了天文学的进步，为了正确导航，天文学家需要精确地观测和预报天体的位置。这时人们发现，采用托勒密理论计算出来的行星位置与实际偏差很大，因此他的理论显得非常不实用。

即使是这样，仍有一些人坚决地维护地心说理论，他们采取在"本轮"上再加"本轮"的方法来处理出现的偏差，若计算出来的行星位置仍与实际位置存在偏差，就再加上一个本轮，以此类推进行下去，直到不再有偏差存在为止。有时几颗行星的"本轮"数多达八十几个，而且某颗行星究竟应该被加上多少个"本轮"才合理，谁也无法确认。天文学由此陷入了尴尬的局面。

公元 1543 年，波兰天文学家哥白尼在《天体运行论》一书中向传统的地心说提出了挑战，认为地球是一颗不断转动的普通行星，太阳才是宇宙的中心，其他的天体都围绕太阳运转。那么哥白尼是一个什么样的人，他的宇宙观又是如何形成的呢？

伟大的哥白尼于 1473 年 2 月 19 日诞生在波兰西部维斯杜拉河畔的托伦城。21 岁时，哥白尼求学于欧洲最文明的国家，也就是当时文艺复兴的中心——意大利。

在意大利生活的 10 年当中，哥白尼深受当时文艺复兴思想地影响，例如他曾拜访过达·芬奇这位文艺复兴的代表人物。年长他 20 岁的画家、科学家十分蔑视宗教神学，认为教会利用天堂来做买卖，而天堂全是虚构出来的。达·芬奇企图恢复一些古典哲学家的天文学说，主张宇宙的中心不是地球。和达·芬奇一样，意大利天文和数学家诺瓦拉也反对地心说，哥白尼经常和他在一起观测天象，探讨怎样改进"地心说"。当时，哥伦布发现新大陆的消息也将哥白尼创立新的天文学说的热情和勇气激发出来了。

哥白尼仔细阅读了各种古罗马和古希腊的哲学著作后，初步提出了"地动"的思想。这个在今天看来十分古老的科学见解在当时却显得很新鲜。

回到波兰后，哥白尼将全部的精力投入到天文学研究工作上。经过数十年的辛勤工作，他终于创立了新的宇宙结构理论。哥白尼认为，巨大的天球并没有动，人们看到的天球的运动只是一种表面现象。只是因为地球在自转，所以人们产生了错觉，认为天球在动。他大胆指出，地球不是宇宙的中心，地球只是绕着太阳在转，太阳才是宇宙的真正中心。

随着科学技术的发展，有人又提出一种新的观点，认为太阳仅是太阳

●表现哥白尼《天体运行论》理论的图绘

系的中心，银河系也有中心，它周围所有的恒星也都绕着银河系的中心旋转，但是宇宙是没有中心的，即不存在一个中心，让所有的星系围着它转。这种观点可用宇宙不断膨胀的理论加以解释。因为在三维空间内，宇宙的膨胀一般不发生，只有在四维空间内宇宙才有可能膨胀。四维空间不仅包括普通三维空间的长度、宽度和高度，还包括时间。尽管描述四维空间的膨胀困难重重，但也许我们可以通过气球的膨胀来解释它。

假设宇宙是一个不断膨胀的气球，而星系遍布在气球表面的各个点上，我们人类就住在某个点上。此外还需要假设星系只能沿着表面移动而不能进入气球内部或向外运动，而不会离开气球的表面，在某种意义上我们被描述为一个存在于二维空间的人。假如宇宙不断膨胀，即气球的表面不断地变大，那么表面上的每个点的距离就会越来越大。其中，若以某个人所在的某一点为定点，这个人将会看到其他所有的点都在后退，而且距离他越远的点，其退行速度越快。

现在，倘若我们要寻找气球表面上的点的退行起点，那么我们就会发现它其实已经不在气球表面上的二维空间内了。由于气球的膨胀实际上是在三维空间内从内部的中心开始的，而我们所处的位置在二维空间上，所以我们无法将三维空间内的事物探测清楚。

同样的道理，三维空间内部不是宇宙膨胀的起点，而我们却只能在宇宙的三维空间内运动。在过去的某个时间，即宇宙开始膨胀的时候，或许是亿万年以前，虽然我们可以看到，可以从中获得有关的信息，而回到那个时候却是不可能的。所以说宇宙没有中心。

但这种观点同样无法解释所有的现象，宇宙到底有没有中心仍有待证明。

神秘 UFO

●接近地面的发出白色光线的环状物向上空的紫色发光物靠拢，目击者称两者融合后，迅速飞离地表。

　　长久以来，人们都自以为人类才是宇宙中唯一的生命，可是 UFO 的出现使人类开始重新考虑并关注其他星球是否存在生命的问题，以及这些生命是否与地球、人类之间存在着某种联系。关于神秘的 UFO 的故事不断充斥在各种杂志、报刊和影视中，那么 UFO 是不是外星人的交通工具呢？它真的是天外来客吗？

　　UFO 是英文 Unidentified Flying Object 的缩写，中文意思为"不明飞行物"，它主要是指出现在地面附近或天空中的一种奇异的光或物体，也称"飞碟"。这个缩写最早是在美国 1947 年 6 月 24 日出现飞碟时由一名记者在报纸上使用的，一直沿用至今。

　　最早记载不明飞行物出现的时间是在 1878 年 1 月，美国得克萨斯州的天空中突然出现了一个圆形物体，当地农民 J. 马丁发现了它，这条新闻同时登载在 150 家美国报纸上。1947 年 6 月 24 日，美国爱达荷州的企业家肯尼斯·阿诺德驾驶私人飞机飞经华盛顿时，发现雷尼尔山附近出现了 9 个以一种奇特的跳跃方式在空中高速前进的圆形物体。它们就像一种类似鸢形的闪光物，更像是碟盘一类的器具。这些物体以大约 1200 英里／小时的速度疾飞而过，转眼就在天空中消失了……美国几乎所有的报纸都报道了这一事件，世界性的飞碟热被引发，"飞碟"的名称由于十分形象、贴切而开始流传。

●1988 年 1 月由爱德华·沃特拍摄的著名的飞碟照片被认为是通过多次曝光伪造而成的。

随着 UFO 目击事件的日益增多，人类也尝试着想与之较量一番，但是在几次的较量中总是以人类的失败而结束。1956 年 10 月 8 日，一个 UFO 出现在日本冲绳岛附近，适逢附近正在实弹演习的一架西方盟国的战斗机飞过，机警的战斗机炮手马上向它开火。结果炮弹爆炸后，"先下手为强"的战斗机碎成残片，机毁人亡，而被攻击的 UFO 却安然无恙。1996 年 8 月的一天，美国西部某导弹基地附近也出现了一架长期滞留的 UFO。自作聪明的人类在对它拍完录像之后，立即启动基地几乎所有的导弹发射装置来攻击它。奇怪的现象又一次发生了，基地所有的装置在同一时刻瘫痪，而 UFO 依然安然无恙。特别是一束神奇的射线击中了一套最先进的导弹发射装置，使它在顷刻间"熔为一堆废铁"！科学家们闻讯赶来，一致认为可能是一种类似于高脉冲的东西把这套先进的装置"化"为废铁的。

几次"以卵击石"的事件造成了巨大损失之后，专门研究 UFO 的科学家们开始对"妄自尊大"的人们提出忠告："与 UFO 相遇时，'先下手为强'是绝对不可取的；因为与 UFO 相比，人类的飞机与炮弹就像一个与坦克较量的弹弓。除了无谓的牺牲外，我们别无选择，只能静观其变。"

然而，人类并没有停止对 UFO 的研究。1967 年，由美国政府授权、美国空军协助，以哥诺兰大

●科幻世界中的飞碟所依据的形象，与发现于世界各地的不明飞行物相类似。

学著名物理学家爱德华·U.康顿博士为首，组成了歌诺兰大学调查委员会。他们全面分析鉴别了1948年以来美国空军搜集到的12618起UFO报告。18个月以后，他们的研究结果被整理成了一份名为《不明飞行物体的科学研究》（亦称《蓝皮书计划》）。这份共有2400页、重达9磅的报告认为，由于UFO对国家安全并无具体威胁，所以不应再重视UFO的研究了。英国国防部在同时也开展了同样性质的研究，他们调查研究了1967～1972年间"闯入"英国境内的1631起UFO事件，认为除了极少数"未能查实"的不明飞行物以外，绝大部分只是高空气球、飞行器碎片、大气现象和飞机等物质。

罗勃·D.巴利先生是美国"20世纪UFO研究会"的主席，也是研究UFO的权威人士。据他所知，美国军方目前掌握着一架1962年坠毁在美国墨西哥州某空军基地的UFO的最详尽的资料。这个UFO的直径有56英尺，它的主要原料是一种地球上找不到的金属，外形是典型的碟状飞船。飞碟的飞行速度在着陆时达到90英里／小时，但它的着陆装置未放下来。各种专家对写有文字内容的飞碟碎片进行了分析鉴定，但仍破解不了其中的奥秘。

按照巴利先生的说法，UFO显然真实存在，但事情却另有蹊跷。2001年3月10日，美国中情局首次大规模解密了859份秘密情报文件。这批在时间上从1947年至1991年，内容五花八门的秘密文件，包括了美国中情局从20世纪40年代末一直到现在对UFO现象展开的研究。这50年来的研究结果让人瞠目结舌，UFO的存在并没有确凿证据，换句话说，也许根本就没有UFO！

●在1966年3月的一次记者招待会上，美国空军蓝皮书作业组织的顾问海奈克展示一幅密歇根UFO目击者所绘的草图。美国政府自此开始调查UFO事件。

以美国侦察部为研究对象的历史学家海恩斯将20世纪90年代美国中情局所有关于UFO的秘密内参全部翻阅后，得出的结论是：在1950～1960年间，所谓的UFO超过半数都是美军人员驾驶的侦察飞机。

他认为美国一直在撒一个弥天大谎！海恩斯主要由两个方面确定和推测美国政府的行为：一是当时苏联对美国领空的入侵造成了美国民众的恐慌，美政府假借UFO可以安抚民众；二是因为美国当时的 SR–71 和 A–12 是最机密的情报收集机，但它们总是在飞临敌方上空时受到致命的威胁。所以中情局就以 UFO 这枚"烟幕弹"来为其护航，这样就会麻痹被侦察国的防空警报系统，从而改变原来的被动状况，同时达到浑水摸鱼的效果。

根据中情局的一些解密文件和海恩斯的研究，许多人认为：苏联政府在早期曾经创造了 UFO 现象，目的就是为了引起美国社会混乱。但是这种阴谋反而被美国政府所利用，制造了后期的 UFO 现象，并指望 UFO 能够遮掩政府进行的绝密间谍飞机的实验，但到目前为止，这种说法仍缺乏足够的证据。

总而言之，无论 UFO 是否存在，全世界仍有约 1/3 的国家还在对不明飞行物进行持续的研究工作。美国的一些理工大学甚至还把对这种不明飞行物进行分析与讨论正式列入了博士论文的选题。

●在照片中找不到丝毫的作假痕迹，但仍有许多专家认为这是一个精心布置的骗局。

飞碟传奇

　　自从 1878 年飞碟首次光顾地球以来，人们对飞碟的研究已有一个多世纪了。然而随着研究的逐步深入，是否真的存在飞碟再次引起了人们的争论。

　　坚持认为确实存在飞碟的科学家们在经过长期的研究之后，列举了五点飞碟存在的理由。

　　第一，能够用照相机捕捉到不明飞行物的身影。过去拍摄的关于不明飞行物的照片没有清晰到可以进行研究利用的程度，因为要确定飞行物的尺寸、距离、颜色以及它释放的能量需要有非常清晰的照片才能进行。53 岁的法国专家弗朗索瓦·卢昂热研究了大量 UFO 的照片之后，认为能够清晰地拍摄到不明飞行物的照片虽然也有，但数量极少。

　　第二，不明飞行物能够被雷达探测到。尽管空中警戒系统发现不明飞行物的事例很少见，但也足够让人心神不安的。为了保证美国军队的空中探测能力不被人所知，1969 年以来，美国空中指挥系统一直不愿公布雷达探测到的 UFO 情况。

●1981 年秋天在加拿大温哥华群岛拍摄的飞碟照片，经电脑分析表明，通过二次曝光和其他方法是得不出山顶上的碟状物图案的，照片具有很高的真实性。

●国外科幻杂志封面，飞碟被绘制成可以悬浮于空中的巨盘。

● 1939 年出版的科幻杂志对 UFO 的模样做了艺术的再现。

●美国人安诺德依据自己的经历出版的《飞碟到来》一书。

1994 年 1 月 28 日，法国航空公司 A320 班机机组飞行在巴黎上空时，突然发现一个直径达 250 米的红色圆盘状物体飞过，但它躲过了地面雷达的监测。法国航空公司班机人员的发现也被位于瓦尔德瓦兹省的塔韦尼的空军证实了，他们也发现了同样的不明飞行物。美国"蓝皮书计划"的研究文件表明，1/5 飞行员肉眼看到的不明飞行物能被雷达监测到。

第三，不明飞行物在人身上也能留下痕迹。不少目击过不明飞行物的人都受到了它的攻击，有的皮肤被烧伤。1967 年 5 月 20 日，加拿大的一位勘察员发现了两个不明飞行物，离他只有几十米远。一个不明飞行物突然向他发出刺鼻的臭氧气味的气体，同时还射出了蓝光。当他走近不明飞行物时，他的面部、腹部和手被烧伤，几个星期内依然没有消退的迹象，这种奇怪的现象令人难以解释。

第四，不明飞行物还能在地面上留下奇怪的印证。1981 年 1 月 8 日，一个椭圆形的金属物体突然降落到法国瓦尔省的一个村子里。人们很快发现了它，但它在半分钟之后又以极快的速度飞走了。法国空间研究中心所属的一个研究小组对不明飞行物停留过的地面进行了研究，认为这里曾受到过一个大约 1 吨重的物体的重压，证明的确有物体在这里停留过。士兵在不同地点采集了一些植物和土壤的样品，法国全国农艺研究所生物化学家米歇尔·布尼亚进行研究分析之后发现，距离不明飞行物不远的植物的化学成分都发生了变化。这是怎么回事呢？各种能够想象到的解释例如化学污染、微波辐射、放射性辐射等最终都被排除，直到目前，依然无法解开这个谜团。

第五，不明飞行物造成电器发生故障。不明飞行物会对它出现的地方的电动机的运转发出干扰。彼得·斯特罗克教授在《不明飞行物观察物证》这份报告中，举出高达 441 起之多的这类事件。每起事件中的当事人都声称不明飞行物出现的同时，他们的汽车的照明线路也发生了故障。最有说服力的事例当属美国警察路易斯·德尔加多在 1992 年 3 月 20 日的遭遇。当他驾车行驶在佛罗里达州海恩斯城公路上时，突然在他前面离地面 3 米高的地方出现了不明飞行物，顿时他汽车的电力系统和对讲机都发生了故障，可情况随飞行物的消失又恢复了正常。这类情况在飞机上也发生过。据统计，在美国关于飞机驾驶员遭遇不明飞行物，从而造成飞机电力系统出现暂时故障的事例多达 120 起。1977 年 3 月，一架往返波士顿与旧金山之间的联合航空公司的班机上，驾驶员突然发现飞机的自动驾驶仪出现了故障，航向发生了变化。与此同时，空中飞过一个奇异的发光物体。只有一个非常强大的磁场才能产生这种干扰。目前除了一场核爆炸外，还没有任何已知的东西能够产生如此强大的干扰磁场。

但是，许多科学家仍认为飞碟只是一种物理现象，而并非真正存在。他们从一些物理学尤其是光学的角度对飞碟现象逐一做了解释。

第一，UFO 照片之所以比较模糊，是因为大气透镜成像质量比光学透镜成像质量差很多，所以 UFO 的照片实际上是一个在空中飞行的模糊的亮斑（实像）。

第二，UFO 降落时产生焦痕的原因是大气透镜能将它大面积接收到的光线聚在地表处，将光能转变成热能，因此产生了焦痕。

第三，UFO 持续的时间比较短，是因为大气透镜随地球自转一起运转所成的像即 UFO 也跟着变换移动，而由于人在地球上，所以就会认为 UFO 在远去。

第四，UFO 来去都无声响证明了 UFO 只是光学现象。假如 UFO 是飞行器的话，它在空中作高速运动，就会使空气产生高速的流动，在摩擦作用下肯定会发出声响。

据报道，美国空军曾在 UFO 出现后派飞机去追赶，结果什么都没有发现。但是飞机回机场后，UFO 又出现了。实际上 UFO 出现在空中就是光线通过大气透镜在"毛玻璃"处形成的实像，而飞机回机场后，随着空气慢慢恢复平静，"毛玻璃"被重新修复，所以 UFO 又出现了。

第五，UFO 经常以"草帽"面孔出现，很可能是巨大的光线和尘埃经过大气透镜后在空中聚集成焦点的缘故。

以上种种解释都无法确证飞碟是否真的存在，争论仍在继续，不过我们相信这个问题总有一天会大白于天下。

神奇的麦田怪圈

20 世纪 70 年代末，英国威尔特郡的农民在成熟的玉米和小麦地里收割庄稼的时候，发现许多庄稼遭到了破坏。从高处看，很多庄稼倒伏，并呈现出有规则的和对称的圆圈现象。

经新闻媒体报道后，英国麦田的怪圈引起了很多人的兴趣，到威尔特郡考察观光的游人络绎不绝。但是，因为这种奇观仅仅在收获季节前的几周内出现，而且是在尚未收获的田地里，所以并不是每一个到威尔特郡的人都能看到这种奇观。

科学家根据观察到的现象猜测，可能是一股小的台风导致了这一奇观。但后来却出现了包括三角形在内的其他几何图案，而小旋风的涡旋只能形成圆圈，因此，这个谜团又笼罩上了一层迷雾。这个据说容易出现外星人削平庄稼的地方竟然成了旅游热点，农田主也趁机向来参观的游客收取费用，发了一笔小财。但是这种奇异的现象到底是怎么发生的呢？热衷于此的人对此仍然好奇不已。此后不久，在英国汉普郡的 Chilbolton 天文台附近的麦田里，人们再次发现了两个图案。其中之一是一个如同电影里常常虚拟的外星人形象的脸形，另一个是人类 1974 年 11 月向 M13 球状星云发射的信息修改后的图案。

●1980 年英格兰西部出现的倒伏的麦田怪圈，在这之前经常有人说在空中看见不明飞行物。

●世界上发现的麦田怪圈形状复杂，它们所代表的含义至今仍无法解释。

自此以后，每年都有麦田怪圈在世界各地被发现，并且地域逐年扩大，形状逐年复杂，数量也逐年增多。

2000年6月24日，一家名为"公众"的俄罗斯电视台插放了一组画面，显示发生在俄罗斯南部斯塔夫洛波尔地区的一块成熟的大麦田里的四个有规则的对称的圆圈，似乎有人以顺时针的方向把圆圈中的庄稼削平。这块农田的主人在发现这些圆圈之后，把情况向斯塔夫洛波尔地区安全部门报告，并请他们来调查是哪个"流氓"破坏了他的庄稼。这4个圆圈中最大的直径长达20米，其余3个的直径分别为3米～5米。另外，人们发现一个深20厘米的土洞，位于最大的圆圈的中心处，洞面光滑。

安全官员排除了是人力所为的可能，但是在现场也没有发现任何化学物质和辐射现象。这样，他们就猜测这个麦田怪圈是外星人造成的，而且推测"他们可能使用了与人类不同的起飞和着陆原理"。而当地的一些居民也声称，他们曾经看见了所谓的外星人降落。据说这些外星人从降落到重新起飞离去只用了几秒钟时间，那么，外星人制造的那个深20厘米的土洞又是干什么用的呢？"公众"电视台将此解释为这是外星人用来"土壤取样"的。可是那个农田主对这种解释没有兴趣，他不明白外星人为什么偏偏对他的这块田地的土壤感兴趣，在这里取样，使他白白损失了好多庄稼。

这些麦田怪圈究竟是怎样形成的呢？这成了世界各国科学家和相关媒体

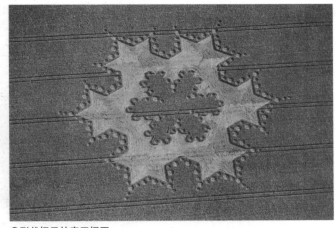
●形状怪异的麦田怪圈

关注的话题，并提出了各种推断和假说。大致可以分为两类：一种认为是大自然的杰作，一种则说是外星人所为。

支持前种说法的大都是考古学家、气象学家、物理学家、地质学家、动物学家和农学家等等。

一些考古学家认为：可能在怪圈生成的地下埋藏有石器时代的圆形巨石建筑，或是青铜器时代的埋葬品呈圆形分布。这些地下的埋葬品和建筑可能影响到土壤结构，因而农作物也做出特定的反应。气象学家则提出：大量尘埃包含在陆地上生成的小型龙卷风中，在风的作用下，尘埃与空气剧烈摩擦产生静电荷。神秘的怪圈就是在带有静电荷的小型龙卷风的作用下产生的。一些地质学家提出了"球形闪电说"：球形闪电和其他因素即"等离子体旋流"共同形成了怪圈，此外，太阳表面黑子活动增强亦与怪圈有一定关系。日本科学家声称，根据"球形闪电说"，他们在实验室里利用球形闪电设备已成功地模拟了怪圈现象。还有一些地质学家认为由地球核心发出的大地射线导致了怪圈这一奇怪现象。植物会因这种射线发生有规则的倒伏，动物和人也会因此而得病。动物学家则提出：动物发情求偶的季节一般在 5 ～ 7 月，雄性动物围绕雌性动物打圈，从而制造出怪圈。那些有在田间做窝习性的动物如刺猬和一些鸟类也可能有类似的创作。农学家则称：之所以出现怪圈的田地，是因为其土壤成分不一。霉菌病变及施肥分布的不均都有可能使农作物发生呈某种形状的倒伏，让人们误以为是一种奇异的现象。

除以上说法外，仍有许多人坚持认为：这些出现在各地的麦田怪圈是天外来客——外星人留下的。当他们乘坐飞碟光临地球时，飞碟刚好降落在麦田，旋转

●在英国伯克郡的农田里显现的怪圈被认为是来自于外星智慧或是恶作剧所为。

的强烈气流造成了一个个怪圈。

正当持这两种不同论调的人们争论不休时，1990年8个法国青年向世界宣布：所谓的怪圈不是什么大自然的创作，而纯属某些人的恶作剧行为。

这一年的夏天，8名法国青年出于对自然的热衷慕名来到英国，对麦田怪圈进行科学考察。在多次出现怪圈的麦田附近的山丘上，他们架设了高清晰度的夜视仪及敏感度很高的红外摄像机。7月24日，在发现麦田里出现了10个怪圈、3条直线之后，他们随即观看录像带，结果发现其中有一些模糊的影像。经分析，确认这些模糊的痕迹是人体物质的热辐射留下的。第二天夜里，摄像机里又出现了6个不太清晰的影像。

1991年9月，英国名叫多格·鲍尔和戴维·柯莱的两名男子向公众宣布，是他们制造了麦田怪圈。利用一根弹簧、两块木板以及一个将其固定在棒球罩上的古怪器具，就可以制造这样的怪圈。研究怪圈的英国专家德尔加多闻讯后承认自己上当受骗，并指责这是十分肮脏的把戏。

麦田怪圈真的是某些人的恶作剧吗？但为什么所有怪圈的周围都没有留下任何人的足迹？一些人也曾守候在麦田边，希望当场捉住这些恶作剧者，但至今却什么也没有发现，而怪圈却不断地出现。由此看来，这个问题似乎并没有我们想象的那么简单。怪圈的神秘恶作剧者到底是谁呢？

外星人谜团

　　外星人在驾驶飞碟飞行于地球上空或者到地球上时，免不了发生事故，因而有些飞碟的残骸以及外星人的尸体，甚至是活外星人就落到了地球上。

　　1950年美国在新墨西哥州回收了几具外星人尸体。这是地球上的人类首次有记载的发现外星人尸体的事件。这年年底，在该州的一个空军基地，曾降落了一个不明飞行物。两三辆吉普车迅速朝那个不明飞行物驶去，那是一个非常典型的圆状飞碟。飞碟里走出一个乘员，上了一个军官的吉普车，接着就开往了该基地的指挥部。这些乘员在指挥部待了约一个小时就回到了飞碟上，不久飞碟垂直起飞离开了地球。这显然是一次面对面的直接接触，但是没有人出来证实这件事。直到40余年后，即1989年11月末，才有一位科学家出来承认此事。这位科学家曾参与外星人的尸体处理工作。他说，有4具外星人的尸体一直保存在俄亥俄州

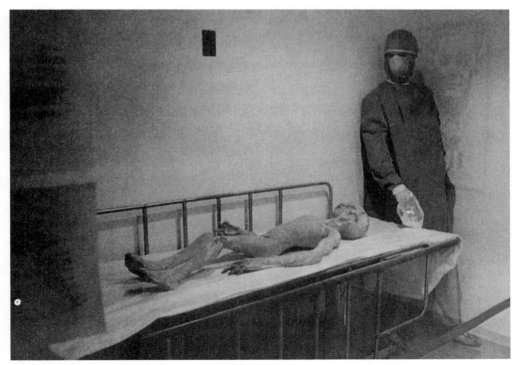

●美国新墨西哥州UFO博物馆中陈列的死亡外星人模型，表现了1947年发生的一次引起广泛争论的UFO事件。

的空军基地里。当时在任的杜鲁门总统曾下令所有相关人员严守这一机密，并同意对外星人的尸体进行研究。

透露这条消息的科学家是斯通·弗里德曼，当年他直接参加了对外星宇宙飞船残骸及外星人尸体的处理工作。据他讲，这4个外星人个头很小，呈深灰色的皮肤满是皱纹，但头和眼睛都很大。他们的耳朵和鼻子深陷于脸内部，从手肘到手腕的那截手臂特别短。很明显，外星人与人类长得很不一样，看起来也很恐怖。

此后，美国又发现和收到了数具外星人尸体。1953年夏，在美国亚利桑利上空，一个飞碟发生了故障，其中一部分碟体甚至陷在沙子里。美国军方派人赶到时，发现里面有5个外星人。这几个人和地球人长得比较像，只是胳膊特长，而且每只手只有4个手指，指间还有蹼，看起来像青蛙的蹼。其中一个还活着，但伤得很重，不久就死了。

另一艘坠毁于1962年的飞碟直径有17米，由一种在地球上找不到的金属制成。在飞碟残骸里发现两个类人的生命体，身体比地球人矮，只有1米左右，但头比地球人的头大，鼻子只有小小的突起，嘴唇很薄，还有一对没有耳郭的小耳朵。

据美国"20世纪不明飞行物研究会"主席巴利先生透露，目前，美国回收的外星人尸体并被冷藏处理的至少有30具，分别放在几个秘密的地方。

外星人的尸体在世界其他许多地方也被发现过。1950年有一个飞碟坠毁于阿根廷荒无人烟的潘帕斯草原。这个飞碟的圆盘高约4米、直径约为10米、座舱高约2米，有舷窗，表面光亮严整。这个飞碟正好被驱车经过的建筑师塔博博士发现了。在强烈的好奇心的驱使下，他停车走近物体。他从圆形物体的舷窗往内看，发现舱内有四张座椅。其中三

●根据专家的判断，这张拍摄于1967年俄亥俄州村庄上空的照片展示的是一架外星人的交通工具。

●事实或是科幻？
三个据说是UFO的黑色盘状物盘旋在英国约克郡的一个小镇上空，这张不甚清晰的照片拍摄于1966年。

张各坐着一个小矮人，他们一动也不动，显然已经死了。这些小矮人长得与地球人差别不大，有鼻子、眼睛和嘴巴，头发呈棕色，长短适中，皮肤黝黑，穿一身铝灰色的服装。只是第四张座椅空着。

第二天，等到他与朋友们再来看时，地上只留下了一堆灰烬，温度很高，站在旁边也能感觉到。他的一个朋友抓起了一把灰，手立刻就变紫了。后来，塔博博士患上了一种非常怪的疾病，连续发高烧，好几个月不退，皮肤破裂，像老树皮一样，成了不治之症。

这三个外星人的尸体被人们发现却未能回收到。于是就有人推测，可能第四张座椅上的那个外星人当时还活着，为了不让自己和飞碟落入地球人

●通过对外星人的尸体进行解剖，人们推测他们来自一个氮气多于氧气的星球。

之手，就把飞碟和三个外星人的尸体悉数烧掉了。

苏联科学家杜朗诺克博士在南斯拉夫宣布：苏联一支科学探险考察队于1987年11月在戈壁沙漠中发现了飞碟。当时，它的一部分已埋在沙堆中，直径有22.78米。让人吃惊的是，这次发现的外星人尸体达14具之多，而且都没有腐烂，可能是沙漠中气候干燥的缘故。

设在法国巴黎的"UFO报告真实性科学协会"主席狄盖瓦曾经在喜马拉雅山峰的冰雪中发现一个飞碟残骸和6个外星人的遗体。当时法国政府大力支持他们回收外星人遗体和飞碟残骸的工作，回收工作持续了数月才结束。从回收的外星人遗体看，它们身材矮小，只有1米左右，四肢瘦弱，但头和眼睛都比地球人大很多。他们还收集到许多金属残片，大的有2平方米～3平方米，而这些金属

●在这幅假想的图画中，路标提示的是外星人乘飞碟在此降落的信息。

在地球上仍没有找到。

在这一回收过程中，他们还找到了一些动物，如马、牛、狗、鱼，甚至还有一头大象和几百个鸟蛋。这让人感到莫名其妙。由于这些残骸都是被冰雪封冻起来的，因此很难断定其失事的时间，可能是几年前，也可能是在几千年甚至上万年前。

回收飞碟和外星人尸体数量最多的首推美国，但由于这涉及科技和军事机密，美国政府总是千方百计地掩盖事情的真相。日本著名作家矢追纯一曾经付出了很大的精力拜访一些回收过外星人尸体的人员，从而掌握了大量相关资料，写成了《外星人尸体之谜》一书。该书受到世界飞碟研究界的高度重视。在这本书中，他详细叙述了自己在美国调查访问的情况。他认为这些年来美国回收飞碟和外星人尸体的事件有 46 起之多，现在存放在美国的外星人尸体仍有数十具，他们被冷冻在地下室的秘密器皿中，美国对外星人的尸体进行过解剖等等。

由此似乎可以判断，外星人的存在是确定无疑的，然而他们到底来自何方呢？据参加解剖的人说，外星人的肺与地球人是一样的，由此断定，他们的"家乡"也是一个氮气多于氧气的地方。哪个星球有这种条件呢？目前尚未找到答案。

奇异的黑洞

　　为了研究太空中看不见的光线，美国宇航局研制发射了高能的天文观察系统。在其发回的 X 射线宇宙照片中，天文学家发现了最惊人的一幕：那些人们认为已经湮灭了的星体依然放射出比太阳这样的恒星体更为强烈的宇宙射线。这证明了长久以来人们的一个大胆设想：宇宙中确实存在着看不见的"黑洞"。

　　什么是"黑洞"呢？要解释这个问题，我们要先从万有引力谈起。

　　牛顿的万有引力定律认为，地球和宇宙间的一切天体，都具有强大的相互吸引力，它们能牢牢地吸引住附近的一切物体。比如地球的引力吸引着地表的物质使之不能随意地飞离地球；人们想要把人造卫星送上围绕地球运行的轨道，至少要使发射的火箭有每秒钟 8 千米的速度。如若不然，因为地球的引力，人造卫星就会被拉回地面，我们称这个速度为第一宇宙速度；如果我们要把一只飞船送到火星上去，也就是说要让飞船摆脱地球引力的控制，那么发射的火箭就要把速度提到每秒 11 千米，这个速度叫作第二宇宙速度，又被称为天体的表面脱离速度。不同天体的表面脱离速度也不同，这与质量关系密切。比如说，月球的质量比地球小，表面脱离速度就比地球的表面脱离速度小很多；而太阳的质量比地球大许多倍，表面脱离速度就会相应大许多。

　　那么，人们不禁又要问：有没有可能在宇宙中有这样一些天体，它们的表面脱离速度能超过每秒 30 万千米，比光速还要大？由于它自己的引力如此之大，以至于连它所发射的光都跑不出来？

　　1798 年法国天文学家拉普拉斯从牛顿力学出发，预言了宇宙中可能存在引力如此之大的大天体。他认为"宇宙中最明亮的天体，很可能我们根本就看不到它"。他大胆地假设说，如果有一个天体的密度或质量很大，

●科学家理论设想中连接两个不同时空的隧道——蠕虫洞

达到了一个限度，这时它很可能是不可见的。因为光速也低于它的表面脱离速度，也就是说光无法离开它而最终到达我们这里。他的预测其实就是一种早期的"黑洞"理论。

近代以来，爱因斯坦发表了广义相对论，越来越多的自然科学家从牛顿力学和广义相对论出发，得出了类似结论，纷纷预言"黑洞"的存在。依据牛顿的万有引力理论，科学家得出，一个球形的天体，一旦它的质量超过太阳质量的2倍，就可能引发"引力崩溃"。也就是说，它可能会向自己的中心引力坍缩，成为一个体积无限小、质量无限大的质点。依据爱因斯坦的广义相对论，德国科学家史瓦西计算出了一个可能具备无穷大引力的天体半径。他进一步阐述说，一个天体一旦半径达到了这个大小，就很可能有无限大的引力，任何物质都不能从它那儿逃脱出来，只能被它吸引进去。即便光线速度极快，也"难逃噩运"。这个有能力把一切吸引住的地方，人们无法看到它，因而称之为"黑洞"。

当今科学家更加确切地定义了黑洞，他们认为黑洞是广义相对论能够预言的一种特殊天体。这种天体具有一个封闭的边界称为"视界"，这是它最基本的特征。视界的封闭也是相对而言的，外界的物质和辐射可以进入视界，而视界内的一切都无法逃逸到外面去。更简单地说，黑洞不向外界发射和反射任何光线，人们就没办法"看到"它，这就是黑洞之所以"黑"的原因；同时任何东西一旦进入其中，就再也出不来了。黑洞似乎永远都处于饥饿的状态，是个填不饱的"无底洞"，

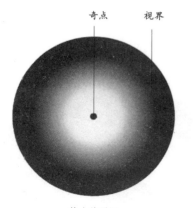

静止的黑洞

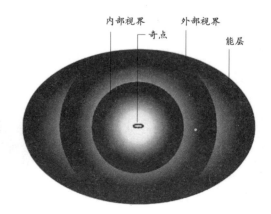

旋转的黑洞

●**黑洞的构造**
所有的黑洞基本结构相同，中心的奇点部分被一个不可见的边界围着，称它为"视界"，没有东西可以从里面逃出来。视界的尺码叫史瓦西半径，它是以计算出这一数据的德国科学家的名字命名的。旋转的黑洞就更复杂了，它有一个能层（一个像宇宙旋涡的区域），里面还有一个内部视界，它奇点的形状像个戒指。

有人形象地把它叫作"星坟"。

人们已不再置疑是否有黑洞，那么黑洞里面的情况如何呢？由于目前对黑洞还没有直接的观测依据，科学家只能从理论上推测。假想有一位无畏的科学家驾驶飞船向黑洞飞去，他最先感到是无情的吸引力。他要是从窗口望出去，就会看到一个平底锅似的圆盘在周围星光衬托下很显眼。走得更近，远方似乎有"地平线"，发出 X 射线，那似乎深不见底的黑洞便是被这"地平线"包围着。光线在黑

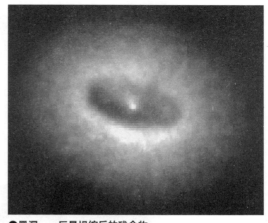

●黑洞——巨星坍缩后的残余物
巨星坍缩后残留的内核具有无比强大的引力场，任何东西，包括光靠近它，都会被它吸进去。

洞附近变形，成为一个光环。宇航员这时要返航已是不可能的了，双脚受到的巨大引力使得他向黑洞中心飞去。他如同坐在刑具台上，头和脚之间出现巨大的引力差，这巨大的引力差早在距"地平线"5000 千米之外的地方就把他撕碎了。

科学家一直在寻找能说明黑洞存在的证据。黑洞本身是不能被直接观测到的，但它有相当大的引力场，这就会影响附近天体的运动。于是人们找到了间接观测黑洞的方法，那就是由附近天体的运动来推测黑洞的存在。如果有物质落向黑洞，当它接近但还没有到达视界时，就会围绕着黑洞外围做高速旋转，形成盘状或喇叭状，而且这些物质在高速旋转时会因摩擦而产生高温，同时释放出强大的高能 X 射线。人们用仪器是可以探测到 X 射线的，所以这类高能辐射也成为科学家们寻找黑洞的重要线索。根据这一点，天文学家开始在浩瀚的宇宙中细细搜寻。终于人们发现在天鹅座附近有奇特的强 X 射线源，这就是著名的"天鹅 X-1 射线源"，有一颗比太阳大 20 倍的亮星和它相互围绕着旋转，估计这个 X 射电源便是一个黑洞，而且这个黑洞大概拥有 8 倍太阳的质量。

从这些结果出发，科学家大胆地做了更深一步的设想。他们认为，在银河系中心，很可能也存在着一个质量相当于 500 万个太阳质量的巨大黑洞。由于它巨大的引力，将成千上万颗恒星吸引住，这些恒星和气体的运行速度极快，而且都围绕着银河系中心旋转，成为一个十分巨大的集合体，银河系由此而成。

那么，是什么原因导致宇宙中黑洞的形成呢？有人认为，恒星到了它的晚年，耗尽全部的核燃料，由于自身引力开始坍缩。如果坍缩物质的质量比太阳质量大

●在黑洞的周围，大量的恒星物质被吸进来，同时光也被完全扭曲，无法逃逸。

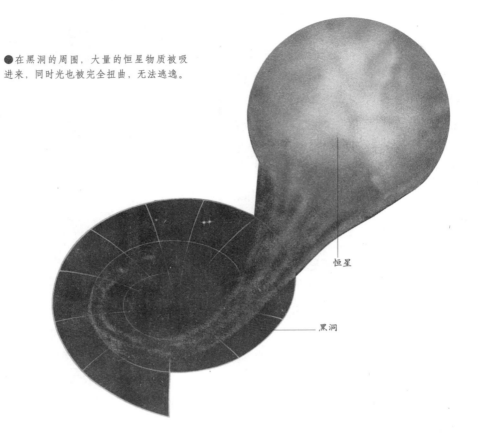

恒星

黑洞

3倍，那么最终的坍缩产物就是黑洞。此类黑洞的质量一般不会很大，不超过太阳质量的50倍。另外有人还认为由于在星系或球状星团的中心部分密集分布了很多恒星，以致星与星之间极易发生大规模的碰撞，导致超大质量天体的坍缩，质量超过太阳1亿倍的黑洞就这样形成了。还有一种说法认为也许是在宇宙大爆炸时产生了极为强大的力量，一些物质被如此强的力量挤压得非常紧密，于是产生了"原生黑洞"。

　　一旦证实了黑洞的普遍存在，那么宇宙不但神秘如同我们的想象，甚至神秘得超乎我们的想象。我们知道宇宙仍处于不断地扩张中，这是宇宙大爆炸的结果，爆炸中心的宇宙核仍是一切物质的来源。宇宙是否会在宇宙核的物质变得很稀薄时停止扩张？是否会因为各天体的自身引力而导致收缩？相对论的回答是肯定的，黑洞的存在部分地证实了相对论的判断。也许宇宙不会消失在一个黑洞中，那么很可能会消失在几百万个黑洞中。因此，彻底地揭开黑洞之谜，还关系着人类对于宇宙归宿的追问。

金星上的神秘城墟

据人类目前所知，相对于火星来说，金星的自然环境要严酷得多。其表面温度高达500℃，大气中的二氧化碳占到90%以上，时常降落狂暴的具有腐蚀性的酸雨，还经常刮比地球上12级台风还要猛烈的特大热风暴。金星的周围是浓厚的云层，以至于20余年(1960～1981)间从地球上发射的近20个探测器仍未能认清其真实面目。

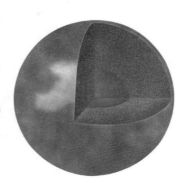

●金星的构造

金星内部熔融状的铁镍核被岩幔所包围，岩幔外面是岩石壳体。

20世纪80年代，美国发射的探测器发回的照片显示金星上有大量城墟。经分析，金星上共有城墟两万座，这些城墟建筑呈"三角锥"形金字塔状。每座城市实际上只是一座巨型金字塔，门窗皆无，可能在地下开设有出入口；这两万座巨型金字塔摆成一个很大的马车轮形状，其圆心处为大城市，呈辐射状的大道连着周围的小城市。

研究者认为，这些金字塔式的城市可以有效地避免白天的高温、夜晚的严寒以及狂风暴雨。

苏联科学家尼古拉·里宾契诃夫在比利时布鲁塞尔的一个科学研讨会上首次披露了在金星上发现城墟的消息。1989年1月，苏联发射了一枚探测器。该探测器带有能穿透浓密大气的雷达扫描装备，也发现了金星有两万座城墟这一重大秘密。

刚开始的时候，人们还不敢断定这就是城墟，认为可能是探测器出了问题，也可能是大气层干扰造成的海市蜃楼的幻象。但经过深入研究，人们确信这些是城市的遗迹，并推测是智能生物留下来的。不过，这些智能生物早已绝迹了。

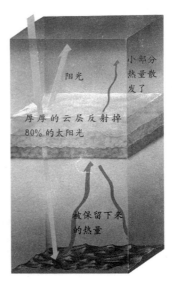

阳光

小部分热量散发了

厚厚的云层反射掉80%的太阳光

被保留下来的热量

●金星大气层示意图

金星不是靠太阳最近的行星，却是最热的行星。因为它厚厚的大气层有效地留住了太阳的热量。

●麦哲伦探测器所拍摄的金星大裂谷地区

里宾契诃夫博士在会上指出，我们渴望弄清分布在金星表面的城市是谁造的，这些城市是一个伟大的文化遗迹。这位苏联科学家详细地介绍说："在那些以马车轮的形状建成的城市的中间轮轴部分就是大都会。根据我们推测，那里有一个庞大的呈辐射状的公路网将其周围的一切城市连接起来。"他说："那些城市大多都倒下或即将倒塌，这说明历史已经很悠久了。现在金星上不存在任何生物，这说明那里的生物已绝迹很久了。"

由于金星表面的环境极差，因此不具备派宇航员到那里实地调查的条件。但里宾契诃夫博士强调说，苏联将努力用无人探险飞船去看清楚那些城市的面貌，无论代价多大，都在所不惜。

而在 1988 年，苏联宇宙物理学家阿列克塞·普斯卡夫则宣布：金星上也存在"人面石"，这一点与火星一样。联系到金星上发现的作为警告标志的垂泪的巨型人面建筑——"人面石"，科学家推测，金星与火星是一对难兄难弟，都经历过文明毁灭的悲惨命运。科学家还说，800 万年的金星经历过地球现今的演化阶段，应该有智能生物的存在。后来，金星中的大气成分中二氧化碳越来越多，以至于温室效应越来越强烈，进而使得水蒸气散失，也最终使得金星的环境不再适合生物的生存。

迄今为止，人们在月球、金星、火星上都找到了文明活动的遗迹和疑踪，甚至在距离太阳最近的水星的表面也有一些断壁残垣被发现。地球、月球、火星、金星上都存在金字塔式的建筑。人们将这些联系起来后认为，地球并不是太阳系文明的起点，而是其终点。

倒塌的金星城市中，究竟隐藏着什么秘密呢？那个垂泪的人面塑像到底是否经历了金星文明的毁灭呢？由于这实在太令人捉摸不透了，所以只有等待人类未来的实地探测。但愿这一天能尽早来到。

奇异的"哈雷彗星"鸡蛋

宇宙间的万事万物都是有联系的，月球围着地球运转，使得地球的表面出现大海的潮汐现象。而每当明亮、巨大的哈雷彗星拖着它那美丽的长尾巴造访地球的时候，人们总会惊奇地发现一种奇特的现象，地球上会随之出现蛋壳上"印"有哈雷彗星图

●划过美丽夜空的彗星，却与地球上的鸡蛋相关联。

案的鸡蛋。这是不是哈雷彗星对地球影响的表现呢？

1682年，哈雷彗星经过地球时，在德国马尔堡的一只母鸡生下了一枚蛋壳上布满星辰花纹的蛋。76年以后，哈雷彗星重访地球时，英国霍伊克附近乡村的一只母鸡也下了一枚带有哈雷彗星图案的蛋。又过了76年，哈雷彗星再次出现在苍穹中，希腊有一只母鸡下了一枚"彗星蛋"，图案像雕印在上面的，怎么擦也擦不掉。

哈雷彗星为什么会和奇异鸡蛋周期性地一起出现呢？一个在太空中遨游，一个在大地上诞生，它俩之间有联系吗？科学家一般认为"二者之间"一定存在着某种因果关系，这种现象或许和免疫系统的效应原则，甚至与生物的进化是有关的。但这终究只是猜测，仍需要进行科学验证。

但是这个神秘现象依旧在重演。1986年，还是在哈雷彗星光顾地球的时候，意大利博尔戈一户居民家里的母鸡下了一枚彗星蛋。在科学技术日新月异、突飞猛进的当今世界，这枚蛋已经成为价值连城的稀世珍宝，也成为最有价值的实物资料。从这里我们可以联想到，中国古代关于灾异和彗星相互联系的丰富记录，虽然其中包含不少封建迷信的东西，但也有相当一部分是古代人们对自然的一种朴素认识和直观反映。

在科学发达的当今社会，这些材料将有助于我们解决一系列科学难题。因此，它们是古人留给人类的一份珍贵的科学文化遗产。

宇宙中相互残杀的星星

●宇宙中的星星同样也遵循着物竞天择的规律。

一般人都知道，宇宙中星体之间的距离非常遥远，彼此接近的机会很少。但经过天文学家的观测和研究，发现星球之间也存在彼此吞食、互相残杀的现象。科学家们把这类星球称为宇宙中的"杀星"。

美国天文学家就发现了这种互相吞食的现象。主角是两颗恒星，本来是一对双星，都已进入衰亡期，均属白矮星。这两个星球体积很小，可质量要比太阳大得多。经观测发现，这两颗星体靠得很近，彼此围绕着对方旋转运动。其中一颗大的恒星，在不停地吞吃比它小的那一颗。大恒星把小恒星的外层物质剥下来吸到自己身上来，自己变得越来越胖，质量和体积不断增大。而那颗被吞食的恒星，变得越来越小，现在只剩下一个光秃秃的星核了。

不只是星球之间存在着彼此吞食的现象，星系之间也在互相吞食和残杀。现在有一种理论认为，宇宙中的椭圆星系就是两个旋涡扁平星系互相碰撞、混合、吞食，从而形成的。有人曾经用计算机做过模拟实验：用两组质点代表星系内的恒星，分布在两个平面里，由于引力作用，在一定的规律作用下相向而行，逐渐融合成一个整体。由此可见，在一定条件下，两个扁平星系经过混合的确可以发展成一个椭圆星系。

加拿大天文学家科门迪通过观测还发现，某些巨大的椭圆形星系，其亮度分布异常，仿佛中心部位还有一个小核。他认为，这是一个质量较小的椭圆星系被巨椭圆星系吞食的结果。

但由于星系之间、天体之间距离都极为遥远，碰撞和吞食的机会很少。所以，要想证实以上说法是不是成立，还需要一段时间。

●巨椭圆星系吞食质量较小的椭圆星系后，其亮度分布会发生明显变化。

难窥其实的月亮背面

自古以来，人们就喜欢仰望月亮，然而无论何时何地人们看到的总是月亮的同一面。为什么人们无法观察到月亮的另一面呢？原因在于月球绕轴自转的周期与绕地球公转的周期刚好相同，因此人们用肉眼始终只能观察到月球的半个球面。

地球的公转轨道面和月亮的公转轨道面存在一个交角，这就使月亮自转轴的南端和北端，每月轮流朝向地球，因而在地球上有时也能看到月亮两极以外的一小部分，占月亮表面的59%。那么其余的41%的月面（月亮的背面）呢？有人说，月亮的背面，也许有空气和水的存在，重力可能要比正面大一些；也有些人预言那里有一片既广阔、又明亮的环形山；还有一部分人认为月亮正面的中央部分是最高地，而背面的中央部分则是一片"大海"——呈暗色的平原。

1959年1月2日，苏联发射的"月球1号"探测器在1月4日飞抵离月亮6000米的上空，并拍摄了一些照片传回地球。1959年10月4日，苏联又发射了"月球3号"。它于10月6日开始进入月球轨道飞行，7日6时30分，转到月亮背面大约7000米的高空。当时在地球上的人们看到的是"新月"景象，而在月亮上正是太阳照射其背面的白天，是照相的大好时机。就这样有史以来拍摄到的第一批月亮背面的照片公之于众。

●月球正面

月亮的背面也像正面一样，中央部分没有"海"，绝大部分是山区，其他地方虽有一些"海"，也都比较小。背面的颜色相较于正面稍红一些。

1966年美国"月球太空船"所拍摄的照片，使人们能够仔细地看清同美国西北部的圆丘相似的月面上那些大量错落、形状不一的圆丘。科学家认为，是月亮内部熔岩向月面鼓涌形成了这一月貌。

●月球并非如我们所遥望的那般光滑无瑕，而是斑驳陆离、坑坑洼洼。

●登月宇航员的研究实验揭开了月球的神秘面纱。

●在太空中观测到的地球与月球遥相呼应。

科学家对现代科学仪器观测的结果和宇航员带回的月亮岩石进行分析，得出了这样的假设：在月貌的形成过程中，火山活动和陨星撞击这两种自然力量都起了作用。在火山活动中形成了许多圆丘和较小的环形山，而那些大环形山则是陨星撞击月亮时造成的。

而随着科学家观测的深入，产生的有关月背的疑团却愈发复杂。第一件怪事是月球的最长半径和最短半径都在月背。月球半径最大处比平均半径长 4000 米，最小处比平均半径短 5000 米，而月球半径的平均值是我们通常所说的 1738 千米。

第二件怪事则是月球的正面集中了所有的月瘤。月瘤也叫月质量瘤，是月球表面重力比较大的地方。科学家们估计，在这些地方的月面以下有许多高密度物质。此外，月球上还有些地方重力分布小于平均值。令人不解的是，月瘤所在的正异常区和重力偏小的反异常区都在正面，而月背上却没有一处。

另外，月球"海洋"、"湖"、"沼"、"湾"等凹陷结构占了月球正半球面积的一半，共有 30 余处这样的凹陷分布在月球上，但 90% 以上都集中在正面，完整的"海"只有两个是在月背上，不足背半球面积的

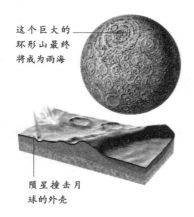

这个巨大的环形山最终将成为雨海

陨星撞击月球的外壳

● 40亿年前：月球在诞生后的第一个7.5亿年中，经历了一个由陨星造成的破坏性的撞击阶段。陨星的碰撞破坏了月球外壳，并在月表各处形成环形山。

当熔岩淹没环形山盆地时，雨海就产生了

熔岩通过月球外壳的裂缝喷发出来

● 30亿年前：碰撞的次数降低。当又大又深的环形山被月表下100千米处向上涌的熔岩（熔化的岩石）注满时，火山剧烈活动期就来临了。熔岩固化形成了月海。

哥白尼环形山于8亿年前形成

火山活动已经全部停止

●现在的月球：在过去的16亿年中，月球表面变化不大。一些明亮年轻的环形山，例如哥白尼环形山显露了出来。大部分原始外壳已在形成环形山时被破坏。

●地球上的潮汐现象
在地球上，距月球最近的海水受月球的引力最大，月球围绕地球运转，涨潮（右上）落潮（右下），潮汐现象周而复始。

10%，月背其余90%的面积都是由起伏不平的山地所组成，山地的分布结构呈现出几个巨大的同心圆，地形凹凸悬殊，剧起剧伏，而这种地势是正面所没有的。

人们不禁要问，月球正面与背面的这些差异是怎样形成的？自从看到了月球背面的"本来面目"，科学家便对这一问题从各种角度展开了研究。经过长期的努力，科学界形成了几种不同的见解。

有人认为，在地球引力的作用下月球发生了"固体潮"，即月球地层也出现类似地球上的潮汐现象，结果就导致了正背面的差别。也有人认为，月球正背面的差异是由巨大的温差所造成的。当地球运转到太阳与月亮之间，月亮上便会发生日全食，此时月球正面的温度会急剧降低，因而形成巨大温差，反复的温度骤变引起了正背面的差别。

●月球背面

文化迷踪

神秘失踪的玛雅文明

玛雅文明——这一人类幼年时期的辉煌、这一人类少年时期的梦幻，保留到如今的传说只会让现在的人们浮想联翩，然而，这一文明为何如此先进呢？公元前1000年，玛雅人在危地马拉、洪都拉斯、墨西哥等地过着定居的农业生活，从此，玛雅文化开始形成。

在前古典时期，已经出现了玛雅历法。南部玛雅人在制作陶器、石雕艺术等方面取得了巨大的发展。中部玛雅人建有房基，也制作陶器；建有拱顶和添加灰浆的毛石工程；还树有一系列古碑。北方玛雅人不仅可以制作简陋的原始陶器，而且还建有大型的宗教中心。

●提卡尔古城遗址 公元前9世纪～前3世纪
此时的提卡尔已经形成村落。公元前3世纪，这里是玛雅人重要的祭祀中心。

玛雅人独立地创造了象形文字，这些象形文字一般刻在祭台、石柱、金字塔、陶器上，或者写在用树皮做成的纸上。玛雅人以石碑作为年鉴，每20年立一块石碑，以记载发生的重大事件。令人赞叹不已的玛雅人用象形文字撰写了浩如烟海的史书，当西班牙殖民者入侵美洲后，殖民者将这些典籍作为"异端邪说"销毁了。得以幸存下来并公认的只有3本，即"玛雅三抄书"。

另外，玛雅人也十分精通天文学，他们能准确地预测到日食、月食，并计算出金星公转的周期，数据十分精确，甚至比同时期中国、欧洲计算得都准。玛雅人在数学上也成就斐然。早在公元前3000年，玛雅人就发现和使用了数字0，这比世界上其他民族要早800年。

在建筑、雕刻和绘画上，玛雅人更是堪称一绝。巧夺天工的石砌金字塔、太阳庙堪

●**玛雅手抄文书**
材料为树皮，其中左右两边方中带圆的符号即为玛雅人的象形文字。

与埃及金字塔媲美，而且镶嵌在每一建筑物上的巨型石雕精美绝伦而又含意深邃。

玛雅人创造了灿烂的文明，为其赢得了"新世界的希腊人"的美誉。

玛雅人在公元前1000年前创造出了辉煌的文化，如今这些文化的发现令世人瞩目。人们在墨西哥丛林中发现了9座金字塔。塔中存放着精致的、当时不可能拥有的器件，主要有凹凸透镜、蓄电池、变压器、太阳系模型碎片。塔内有一种空间形态能，可以使刀刃锋利起来，让有机物发生脱水反应。1927年，美国探险家马萨斯发现了一具水晶骷髅，它发出耀眼的七色异彩，并且具有麻醉般的催眠作用。这一切，都是玛雅文明的产物。

文化上的辉煌已令世人吃惊，但更不可思议的是，公元909年，玛雅人抛弃他们自己用双手建造起来的繁荣城市，转向荒凉的深山老林，导致了玛雅文明的神秘失踪。玛雅人为什么要进行集体迁移？史学界对此有着各种解释与猜测。有学者认为，外族侵犯、气候骤变、地震破坏和瘟疫流行都可能造成大规模的集体迁移。然而，这些假设和猜测都是不具备说服力的。首先，当时的南美大陆还不

存在一个强大民族可以与玛雅人对抗；其次，气象专家几经努力，仍然不能论证公元前 8 ～ 9 世纪间，南美大陆有过灾难性气候骤变。玛雅人那些雄伟的石结构建筑，虽然有些已经倒塌，但仍有不少历经千年风雨仍然保存完整，因此也可以排除地震灾难之说。

至于瘟疫流行问题，看来很有可能。然而，在玛雅人盘踞的上万平方千米的版图内，是不可能都发生大规模的流行瘟疫的，而且大瘟疫是具有突发性的，而玛雅人的整个迁移，先后共历时百年之久。

还有学者认为由于玛雅人采取的耕种办法不恰当，导致了森林遭到破坏、土地丧失了肥力等等，为求生存，玛雅人被迫迁移。

以上种种解释都有一定的合理性，但具体真实的原因又是怎样的呢？至今尚无定论。人们期待着这个原因的早日发现。

●提卡尔一号神庙

金字塔神庙是玛雅最基本的建筑形制之一，在顶部的平台上，耸立着供奉神灵的庙宇。

古罗马人为何热衷于沐浴？

罗马共和国建立初期（约公元前400年），上流社会突然兴起了大修澡堂之风。罗马帝国版图日益扩大并强盛后，各城镇继而扩展，公民生活优裕，社会各阶层盛行沐浴之风。其时，公共澡堂很受欢迎。罗马城内的澡堂是最豪华的，其内有热气室、热水浴池、冷水浴池和凉气室。如果一个人跑去洗澡，往往先在特设娱乐室里打球或者做些别的锻炼，随后脱光衣服在热气室内直到全身热汗淋淋，再用油洗净，然后洗热水澡，凉了之后便跳进冷水浴池以强身健体。热澡堂就像一间附设芬兰蒸汽浴或土耳其浴及公共游泳池的现代健身室。

但这并非罗马热澡堂的全部内容。罗马和其他城市的大型热澡堂规模宏大且气派，内有大理石柱、精美拼花地板、穹隆天花板、喷水池和塑像。罗马城内喀拉凯拉皇帝修建的澡堂，方圆11公顷，可供1500多人同时洗澡。罗马市中心戴欧克里兴皇帝的热澡堂占地更广。很多热澡堂除游戏室、热气室和浴池外，还有酒吧、商店和咖啡座。

罗马热澡堂因获得国家和私人捐助，通常收取很低的入场费，有些甚至无须交费。所以无论是富人还是穷人，只要是公民便可涌往热澡堂去过过瘾。

澡堂是拥挤巨大的喧嚷场所，为何人们还会乐此不疲地沉湎于泡澡堂呢？人们从旧电影及传说中知道，罗马人祭祀酒神的秘密宗教仪式通常在个人领域悄悄地举行。

●地坑集中供暖系统

古罗马的地坑集中供暖系统的原理是：热气上升，并能同时为水加热，为私人住宅的房间和公共浴室保暖。

澡堂也成为狂饮者的最佳场所。不管在运动室或热气室里，总会感觉口干舌燥，那就更易借口喝上几大杯酒。酒使人迷失本性，结果口角和打架之类事情不断发生，喝得烂醉的人较受人注意，小偷扒手也趁机下手，流氓又借机抢劫，因此澡堂安全也成为让人们头疼的事情。

不少罗马人也从沐浴风俗中看

●古罗马蒸气浴池及浴瓶

到堕落腐化的迹象。富人们喜欢夸耀财富，他们华衣盛装来到公共澡堂，带一群奴隶在两旁伺候，替主人宽衣，用油脂为主人身体按摩，再用金属或象牙制成的上有槽纹的刮板把皮屑刮净，然后全身抹上珍贵的香水。有些年老有德的人看到沐浴前的体操和游戏及涂油脂刮皮屑的夸耀行为，不禁皱起眉头。

　　现在，曾经辉煌奢华的罗马澡堂已成为众人观赏的废墟，罗马大厦在穷奢极欲中坍塌了。人们在追寻古罗马昔日遗风的同时不能不感慨世事的变迁和历史的无情！

●罗马历史地区今景

罗马人用处女守护圣火

在厄比妮亚那个时代，供奉罗马灶神威斯塔的神庙里，一年四季圣火都燃烧着，共有6个处女守护着圣火。她们担当守护神庙圣火的重要宗教职务，共同在称为灶神院的地方居住；她们以灶神庙中永远燃烧的圣火为守护对象，以此来纪念史前时代每一次生火的艰难。由于灶神崇拜以火为中心，并且火纯洁无垢，因此，罗马人认为守护神庙圣火的只能是处女。

守护圣火的处女除了生病之外，一般不能离开她们所居住的罗马公会所东南的女灶神庙。每天每名处女至少值勤8小时，主要负责保持神殿内圣火不熄灭。她们还有诸如到圣泉去取水，为公众祈福以及烹制祭礼仪式上用的祭品等其他职责。守护圣火的处女在庆祝农作物收成的节日上有更多的宗教任务，而更不可思议的是，她们必须参加生育祭礼。由于这些处女被整个罗马人的社会公认圣洁无垢，因而她们还受命保管条约、遗嘱、珍宝和其他重要文件等。或许这种服务是她们自愿提供的，委以如此重任也常看作是对她们的敬意。

守护圣火的处女享有的特权与荣誉是其他罗马妇女所没有的。但是守护圣火的处女也有严格的纪律约束，一旦犯错就要受可怕的处罚。如果她们玩忽职守，会受到祭司长的严惩，以鞭笞来惩罚任由圣火熄灭的守护圣火的处女，对不贞的则处以活埋。后一项表明了罗马人认为守护圣火的处女一定要纯洁。

被活埋的守护圣火的处女在长达1000年的历史中不到20人，这其中部分原因可能是严厉的惩罚，起到了相当大的威慑作用。当然那20个遭活埋的女性中，也许有些是被冤枉的，起因是罗马人认为受人尊敬的处女如果行为不端，可能会引起军事失利及其他灾难。

●罗马人的祭祀队伍

亚瑟王及其圆桌武士传说之谜

被誉为樱花之国的日本，自古以来就极其崇尚武士道精神，其忠君、坚毅的主旨也正是大和民族生生不息的动力之源。古老的西方也曾流行着武士的传说，那便是亚瑟王和他的圆桌武士。在大多数人的心目中，亚瑟王及其所率领的圆桌武士是坚忍忠勇志士的代表，是维护文明、抵制蛮族入侵的英雄。

那么为何称其为圆桌武士呢？圆桌一词从何而来呢？

●亚瑟王像

圆桌就放置在亚瑟王宫廷正中央。它象征了覆盖全国各地的荣耀和王权，与国王加冕时手握的宝球作用相同，但圆桌的含义要比宝球深远得多。圆桌在实际意义上象征的是友爱与和谐，任何在圆桌周围坐着的武士都不会觉得地位比别人低，不会觉得委屈。圆桌是嫉妒、贪图权力与高位的解药，而中古时代战争与动乱正源于上述种种人类缺点。但是亚瑟王也规定，只有最杰出的"威猛无比，本事极大"的武士才能成为圆桌武士。

一位精通木工的专家认真检查了这张桌子。它大概是14世纪制成的。他的看法也得到了碳–14年代测定法证实，断定圆桌用的大约是14世纪30年代所砍伐的树木制成。所以，如果这张桌子不是亚瑟王所制，又会是谁制造的这张桌子呢？英王爱德华一世可能性最大，他的当政年代是1272～1307年。

亚瑟王的传说，与11～13世纪日趋形成的见义勇为

●武士盔甲

和保卫宗教的理想密切相关。每一个战士倘若要做成功的十字军士兵，倘若要追寻耶稣基督举行首次弥撒时所用的圣杯，都应该以亚瑟王的武力为效法对象。见义勇为的骑士精神到14世纪发展到极致。爱德华三世当时企图征服法国，就像传说中亚瑟王要与罗马"独夫卢修斯"打仗一样。由于对骑士精神的崇尚，再加上亚瑟王的传说，设立一个新的武士精英组织的构想便在爱德华脑中形成。这个新组

●关于亚瑟王传说的绘画
亚瑟王死后，圆桌武士将他的宝剑扔入海中，却被海神抓起。

织以伦敦西边的温莎宫为活动中心。根据法国史学家让·福罗萨特记载，这是在1344年4月23日圣乔治节一次盛大的马上比武庆典上宣布的。

不管亚瑟王及其武士是否曾经坐过这张圆桌。它的存在不再仅为单纯的家具之用，更成为亚瑟王及其武士忠勇坚毅的一种象征。真正的圆桌抑或早已灰飞烟灭，抑或至今尚存在于某个不为人知的偏僻角落，而传奇的武士们则千古流芳。

●圆桌武士

羊皮纸典籍的保存和流传

创造了光辉灿烂文化的古代希腊和罗马，留下了大量珍贵文献资料。今天，当人们释读古典大师们的作品时，人们不禁会产生这样的疑问：一两千年前写成的典籍是怎么保存流传至今的呢？

在古希腊和罗马时代，既没有纸，也没有印刷术，人们用羽毛或芦管当笔蘸墨水在羊皮纸上写字，然后装帧成册。谁要想得到一本书，一般的办法就是抄。

公元6～10世纪，这是欧洲的黑暗时代，长期积聚起来的希腊罗马的书籍宝库，经过无数次兵燹、劫掠、焚毁、刮削、虫蛀、霉烂，其损失无法估算。尽管如此，多数古代希腊罗马羊皮纸典籍还是保存流传下来了，成为今天世界文化宝库中一笔极为珍贵的财富。那么，这些古籍是如何逃过了无数次的破坏，而保存和流传下来了的呢？

有一种意见认为，古希腊和罗马许多典籍得以保存和流传，这首先要归功于修道院的抄录修士。通过修士们的抄录和教会收集，很多古籍保存和流传下来了。这种说法值得怀疑，因为：第一，有不少古籍早在日耳曼人攻占罗马城之前就佚亡或流失到外邦去了；第二，有些书，由于犯禁而没有抄写，或者即使抄了又被刮掉、销毁；第三，不少书在抄成后又散失了；第四，由于羊皮纸来之不易，也有抄录修士刮掉库存古籍用以抄教会书籍的。

有的学者认为阿拉伯人在保存希腊和罗马羊皮纸典籍上立了头功。自公元7世纪开始，阿拉伯人在长达几个世纪的扩张过程中，攻占了地中海沿岸大片原属希脂罗马统治的区域，直接接收了大量珍贵的希腊和罗马古籍。还有人认为希腊古文献的最大保存者是拜占庭。在西欧黑暗时代，大量羊皮纸典籍遭毁，而无数古代书籍被拜占庭保存着。

上述各种说法对于解释"古希腊和罗马羊皮纸典籍是如何保存和流传下来的"这个问题都有一定的道理，但都不能作为最确切的定论。对于该问题的最终解答，还须进一步的考证。

中国明十三陵中的 "无字碑"

　　在北京的明十三陵中，有十二陵没有碑文。这究竟是为什么呢？

　　在这十三陵中，只有明成祖朱棣的石碑上有碑文，这块长陵石碑，正面上刻有"大明长陵神功圣德碑"字样，下刻有朱棣儿子明仁宗亲自题写的为其父歌功颂德的 3000 余字碑文。既然十三陵中的第一陵有碑文，其余十二陵为什么不刻上碑文呢？

　　顾炎武在访问十三陵之后，写出了《昌平山水记》，他说，传说嗣皇帝谒陵时，问随从大臣："皇考圣德碑为什么无字？"大臣回答说："先帝功高德厚，文字无法形容。"而《帝陵图说》给出了另外一种解释，《帝陵图说》里明太祖朱元璋曾说："皇陵碑记，都是大臣们的粉饰之文，不能教育后世子孙。"他这一批评，使翰林院的学士们再不敢写皇帝的碑了。后来，写碑文的任务，便落在嗣皇帝的肩上。所以孝陵（太祖）碑文是成祖朱棣亲撰，而长陵（成祖）的碑文，是明仁

●明十三陵

●明孝陵神道石刻文臣像

宗朱高炽御撰。

但明仁宗以后各碑，为何嗣皇帝不写了呢？依照这种说法，长、献、景、裕、茂、泰、康七陵门前，并没有碑亭和碑。到了嘉靖时才建，嘉靖十五年（公元 1536 年）建成，当时礼部尚书严嵩曾请世宗撰写七碑文，可是嘉靖帝迷恋酒色，又一心想"成仙"，哪有心思写那么多的碑文，因此就空了下来。

世宗以后的各皇帝，看到祖碑上无字，自己也就不便只为上一代皇帝写碑文，但如果都写的话，也没有太多的精力，因此，一代一代的皇帝传下来，就出现了这些无字碑。实际上，自明朝中期以后，皇帝多好嬉戏，懒于动笔，而最主要的原因是，如不加以粉饰，他们所谓的"功德"已经不能直言了，因而这些皇帝干脆不写了。

还有人认为，这些皇帝的做法是效仿武则天。因为武则天是一个聪明的人，"无字碑"立得真聪明，功过是非让后人去评论，这是最好的办法。这些

皇帝们知道自己有可以肯定的地方，但同时肯定也有应该否定的地方。他们知道自己的一生人们会有各种各样的评价，碑文写得好坏都是难事，因此才决定立"无字碑"，功过是非由后世评说。

不管这些说法怎样，到现在，这些无字碑还立在十三陵中，同它们身后的皇帝一起，真正是做到了"功过是非由后世评说"。

●定陵神功圣德碑

用来占卜的甲骨文

　　大约在公元前 16 世纪，商汤灭夏，在中原立国。从此中国历史进入商代。商王盘庚曾五次迁都于殷。直到商纣亡国总共 273 年，商代晚期的统治中心一直在殷。但商朝被灭之后，殷民迁走，殷都逐渐变成一座废墟。殷都的文明也只局限于文字记载上，甚至有人认为那些记载不可作为信史。后来，一连串的偶然事件逐渐否定了这种怀疑。考古者逐渐将殷都积淀的古文明展现出来。

●甲骨文

　　1899 年，北京国子监祭酒王懿荣老先生感到身体不舒服，就买了一剂含有"龙骨"的药物，在准备将这些"龙骨"研碎时，王懿荣发现这些坚硬的东西并不是什么骨头，而是上面有许多划痕的变黄的龟甲。王懿荣是一位研究古文字的专家，好奇心驱使他拿起甲骨仔细地观察。他吃惊地发现这些划痕像是一种文字。他于是将这家药店的全部"龙骨"买下，经过细致研究和考证，断定这种非篆非籀的字形是商代的一种占卜文字。

　　为什么这些刻着文字的甲骨碎片总是有许多裂纹或切痕？原来所有这些碎片都是史书上所称的"卜骨"。骨上的裂纹是人们有意用高温加热所造成的。根据商代的习俗，商代人上自王公下至庶民，无论是大事还是小事，都要用这种龟甲和牛胛骨进行占卜。占卜时，就用燃炽的木枝烧炙甲骨的反面凿出的槽和钻出的圆窠，这时甲骨因厚薄不匀而出现"卜"字形裂纹。这些裂纹就是他们判断吉凶的"卜兆"。占卜以后，将所问事项刻记在甲骨之上，这就是"卜辞"。占卜的内容是以当朝国王为中心的，有

●刻有卜辞的甲骨　商
出土于安阳小屯西地段。古代占卜多用龟甲、兽骨，在上面刻上卜辞，然后用火焚烧，看裂纹走向，以此来预测未来吉凶。

●花园庄甲骨坑内的甲骨堆积层

对祖先与自然神祇的求告与祭祀，有对天象、农事、年成以及风、雨、水的关注，也有对周围各国战争的关注和商王关于旬、夕、祸、福以及田游、疾病、生育的占问等。这样就为我们提供了许多商代历史事件或天气气象的资料。

王懿荣的发现引起了许多中外人士对甲骨的重视。1908年，经罗振玉先生多方查询，才得知甲骨实出自河南安阳小屯一带。伴随着甲骨被确认、购藏和挖掘，古文字学家也开始对甲骨文进行破译。经过众多专家的努力，甲骨片上排列的文字成为可以通读的文句了，从而证实了出土甲骨文的小屯村正是古文献记载的殷墟。因此，一个湮没了3000多年的繁华故都终于在世人面前得以呈现。

自1899年发现殷墟甲骨至今，约有15万片以上商代甲骨已出土，现分藏在中国大陆和台、港、澳地区，另有一部分流散到其他国家。殷墟甲骨文内容涉及商代的政治、经济、文化及天文等。可以说甲骨文的发现和破译帮助我们解开了历史上许多难解之谜，而发现的甲骨文共有4500多个单字，还有2/3的文字等待人们去破解。

澳大利亚原始洞穴中的神秘手印

直到现在在澳大利亚还保留着的许多原始洞穴中，仍可经常看到许多抽象化的飞行器或其他军事武器的简化符号和人的手及人的手臂画在一起，看到许多各种各样的手印。

人类学家曾作过如此的记载，在澳大利亚，图腾信仰十分盛行，在有的土著人中如下习俗还十分普遍：当一个人死去时，在神庙中应留下他的左手的印记，而在结婚之后，在神庙中留下其右手的印记。由此可以推测，旧石器时代洞穴岩画上留下的手印，不仅仅是表示一种企图去控制猎物的力量，也可能是作为参与一种神圣仪式的印记。后来在太平洋群岛、非洲、印度等地均发现这些手印，中国嘉峪关也曾发现过印有手印的石块，不过已很难确定其确切年代。

目前，有关原始洞穴岩画上的手印主要有以下几种不同的看法：

第一，认为这些手印是岩画作者留下的符号，表示"我在这里"。

第二，认为是成人把婴儿的手印印在上面的，意味着对某种社交活动的参与。亚历山大·马沙克就持这一观点。

第三，认为这些手印只是属于妇女和儿童的，他们之所以在岩壁上印上手印，目的仅是为了好玩或者是一个"审美显示"，也就是一种"为艺术而艺术"的解释。

●**法国高斯克洞穴中的手印**
世界上许多地区都有关于手印的原始壁画，它们的含义相同吗？

●母神石雕

●原始壁画中的手印

第四，S.古德恩把手印视为史前人类的一种"自残"行为，其目的等同于现代原始部落中的"自残"行为。他说："自残了的手印像一个悲剧合唱中的叠句那样，在那里永远地呼唤着要求帮助和怜悯。"

第五，认为手印与狩猎巫术密切相关。A.R.韦尔布鲁真就认为手印是为了唤起"狩猎者的巫术能作用于被符号化了的动物"，或者是作为一种变感巫术的手段，以祈求使动物不断繁殖。

第六，认为它是一种求子的丰产巫术留下的印记，目的在于想与"母神"取得联系。

第七，认为所有手印均为妇女的手印，手印是一种女性性符号，与手印相伴的是一些点和短线是男性性符号，安德烈·勒鲁伊·古朗是持这种观点的代表人物。

由于目前手头掌握的依据很少，所以每一派都很难为自己的论点提供足以令人信服的证据。不过有不少人，根据现代原始部落中盛行的习俗，比较认同人类学家斯潘塞和吉伦的解释，就是所谓的当珠灵牌从洞穴中被移走时，洞穴入口处上面留下的珠灵牌所有者的手印是为了"让灵魂知道"。但要把澳大利亚原始洞穴中的手印究竟代表什么搞清楚，在近期内做到是不大可能的，还需人们继续探索。

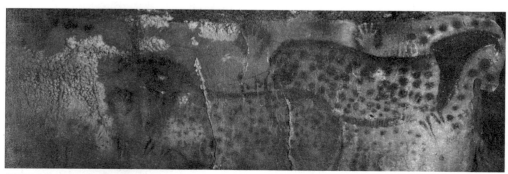

●壁画中的马与赫然醒目的手印

从父身诞生的希腊智慧女神

在希腊神话传说中，智慧女神雅典娜集其父母的智慧于一身，她的出生成为后代许多专家学者们研究的对象。

雅典娜是天神宙斯和智慧女神墨提斯的女儿。临产前墨提斯对宙斯说，将要出生的孩子一定会比宙斯更强壮、更聪明。宙斯唯恐降生后的孩子会危及他在奥林匹斯山的统治地位，于是他就将墨提斯吞到肚子里去了。不料，宙斯突然感到头痛欲裂，急忙让火神赫菲斯托斯用斧子劈他的脑袋，这时满身铠甲的雅典娜就从宙斯脑袋里呼叫着蹦了出来。这就是她那不寻常的诞生。

那么，雅典娜为什么不是脱胎于母腹，而是由父亲产出呢？她为什么偏偏从脑袋里蹦出来呢？

当然，对于神话，人们没必要探究其真实性，而应关注它的社会背景。长期以来，许多学者对此做了深入探讨，并从各种不同角度提出了不同的看法，归纳起来主要有以下三种：

有人认为，这段传说只是想说明雅典娜是宙斯的化身。在希腊早期神话中化身法是常用的造神手法。这种方法可使彼此孤立的神之间产生一种类似于人类的血缘关系，从而构成一定的体系，增强了神话的故事性和神秘色彩。

但是，更多的人则认为，这个传说反映了早期人类一定的历史状况。他们认为这段传说实际上反映了人类父权制开始取代母权制的情况。而且，雅典娜就曾经说过："我不是母亲所生的人。我，一个处女，是从我父亲宙斯的头里跳出来的。因此，我拥护父亲和儿子的权力，而反对母亲的权力。"这意味着女人已经依附于男子，母权制已被父权制所取代。这种说法看来论证比较严密，但也是有漏洞的。这种观点如果要成立，还必须解决如下两个问题：第一，据传宙斯的妻子是宙斯的同胞姐姐，他们在洪水灾难中死里

●持盾的雅典娜神像

●宙斯雕像

逃生，并结为夫妻。从这里可明显地看出族内婚的痕迹，如果说父权观念在人类族内婚阶段就已出现那是绝对不可能的。第二，希腊父权制取代母权制是在英雄时代，这早已成定论。从神话描写中可看出雅典娜出生距英雄时代还有相当长的一段时间，是否能说这一过程自雅典娜诞生时已经开始，尚待探讨。

还有一种观点认为，这段传说应该与雅典娜在希腊神话传说中的地位和作用有关。雅典娜在希腊神话中是聪明过人的智慧女神，所以把她说成是智慧女神和天神宙斯的女儿。为了让雅典娜没有对手，神话的创作者又煞费苦心地让宙斯把这位老智慧女神吞进肚子里，于是聪明的母亲"隐居"了。这样一来，会更显示出其女儿过人的智慧。当然，这种推论虽然圆满地解释了这段传说中令人费解的情节，但没有涉及复杂的社会背景，是否正确也很难说。

上述三种观点各有道理，但都不能成为定论。之所以如此，可能有这样一些原因：第一，早期神话产生于非理性的、原始的心理状态。第二，神话本身具有两重性。其一是历史的、现实的，它是有其历史现实基础的；其二是虚幻的，即非历史的部分。两者交织在一起，因而神话中的历史与宗教、想象与现实的界限总是模糊的。第三，神话材料本身是"历史的"。人们只凭神话内容去断定其严格的时代概念是不可能的，也是不科学的。第四，历史本来就是极为复杂的。在理论上人们可以划出一些不同的历史时代，但严格说来也还是相同的。因此人们无法确定这些观点孰是孰非，这一问题的研究仍需时间。

●雅典娜女神头像

她头戴羽盔，身披缠着蛇的斗篷。这是战神的形象。

迈锡尼文明及其毁灭

公元前2000年左右的早期青铜时代是迈锡尼文明的萌芽时期，大约公元前17世纪，希腊人的一支——阿卡亚人在迈锡尼兴建了第一座城堡和王宫。据《荷马史诗》描述，兴盛时期的迈锡尼以金银制品名扬天下，被人们称为"富于黄金"的城市。

现存的迈锡尼城堡的平面形状大致呈三角形，位于查拉山和埃里阿斯山之间的山顶上，城墙高8米，厚达5米，用巨大的石块环山修建。有一座宏伟的大门开在西北面，门楣上立有三角形石刻，雕刻着两只虽无头但仍威武雄健的雄狮。这两只狮子左右对称的雕刻形式显然是受到东方文化的影响，它们是欧洲最古老的雕塑艺术，迈锡尼城堡的正门也因而被称为"狮子门"。

迈锡尼城门上的一对石狮子从1876年起就再也不能保持安静了。谢里曼等人在城内发现的墓圈A，吸引了全世界的目光，人们似乎又看到了3000多年前活灵活现的"多金的迈锡尼"城。古代希腊世界迈锡尼文明的重要遗址陆续被发现，如梯林斯、派罗斯、雅典等。M.文特里斯在1952年宣布他已可以释读迈锡尼时代的泥版文书，并证实它们是希腊语文字。至此，当前历史学界已公认爱琴文明的这部分历史是讲希腊语的人的历史。人们目睹了迈锡尼文明时代王宫的残垣断壁，面对令人惊叹不已的王室宝藏，自然会发出疑问：如此辉煌的文明，是怎么毁灭的呢？

由于可靠的文字资料实在太少，线形文字、泥版文书和《荷马史诗》所提供的信息又过于简单，所以，要回答这个问题，实在不是一件容易的事，于是许多学者都不约而同地从考古学的角度去研究。最初，谢里曼夫妇在这里发现了五座坟墓，后来，第六座坟墓又被希腊考古学会派来监督他们的斯塔马太基发现。这六座长方形的竖穴墓大小、深度不同，深0.9米～4.5米，长2.7米～6.1

●狮子门

位于迈锡尼城堡的入口处，除了防御功能，城门还具有浓厚的宗教色彩，门楣上方的石狮分立在巨柱两侧，时刻守护着女神。

●迈锡尼古墓

米，以圆木、石板铺盖墓顶，但大部分已经坍塌。共有19人葬在这六座墓穴中，有男有女，还有两个小孩，同一墓中的尸骨彼此靠得很近，大多用黄金严密地覆盖着这些尸骨。妇女头上戴着金冠或金制额饰，身旁放着各种名贵材料做的别针以及装饰用的金匣，衣服上装饰着雕刻有蜜蜂、玫瑰、乌贼、螺纹等图案的金箔饰件；男人的脸上罩着金面具，胸部覆盖着金片，身边放着刀剑、金杯、银杯等；两个小孩也被用金片包裹起来。

考古学家的发现远不止这些，在谢里曼发掘圆形墓圈A的75年之后，即1951年，希腊考古学家帕巴底米特里博士发现了被称为圆形墓圈B的第二个墓区。这个墓区在狮子门以西仅百米之遥，发掘出来的珍宝完全可以与谢里曼的发现相媲美，而且时代与前者十分相近。

英国考古学家韦思等在大约与帕巴底米特里发现圆形墓圈B的同一时期，又发掘了9座史前公墓，地点在独眼巨人墙以西、狮子门之外的地区。这些圆顶墓（因形似蜂房，又叫蜂房墓）约建于公元前1500年～前1300年，均属于青铜时代中期。

公元前1400年～前1150年左右的青铜时代末期是迈锡尼发展的鼎盛时期。从迈锡尼城遗留下来的城堡、宫殿、墓葬及金银饰品中都能看出这一王国当年的

●迈锡尼纯金面具，据说是依照阿伽门农的面部特征而制成的。

强盛，但是要找到其消亡的原因，确实不是一件容易事。我们尽管能从考古发掘中得到一些启示，但要把不会开口说话的遗迹、遗址、遗物唤醒，实在是一件困难的事。

有人认为，迈锡尼世界的毁灭与一些南下部落的入侵有关，特别是多利亚人更是祸首元凶。但也有人持与此认识相反的见解，他们指出，迈锡尼世界在西北方的入侵者来到之前，已经衰落。迈锡尼文明的统治至公元前13世纪后期，已开始动摇。

据考古资料看，多利亚人在公元前13世纪期间，并未进入希腊世界，他们涉足此地是在迈锡尼文明的不少城市已经变成废墟的很长一段时间以后，多利亚人面对的是一个已经不可避免要毁灭的世界。因而，公元前13世纪末以来迈锡尼文明世界的各地王宫连遭毁灭之灾，与多利亚人无关。考古资料也提供不出当时多利亚人到来的物证，于是 J. 柴德威克在对古文字研究的基础上提出大胆假设。他指出，多利亚人臣属于迈锡尼人的历史事实，可以从神话传说中有关赫拉克利斯服12年苦役的故事中反映出来，多利亚人作为被统治者早就遍布在迈锡尼世界各地。赫拉克利斯的子孙返回伯罗奔尼撒，却道出了多利亚人推翻迈锡尼人只不过是内部的阶级斗争的真情，根本不存在所谓的多利亚人入侵。以派罗斯为例，当时便存在很严重的经济问题，青铜不够用，青铜加工业已衰落，国家经济组织疲惫不堪，税收不齐，经济面临崩溃的边缘。有限的土地不能满足经济发展之需，国家只能靠积蓄的产品度日，要么就从地方额外征收黄金。当时受到挑战的还有神权，村社不按祭司要求行事，有的人甚至敢不履行宗教义务。由于受到其他部门或其他国家的过分压力，中央的高度集中化受到了破坏。在这种形势下，派罗斯的王宫随时都有覆灭的危险。这一切都可能是导致派罗斯毁灭的主要原因。

另有一些人认为天灾是祸根，天灾造成人口减少，食物短缺，大量小村庄被放弃，王宫经济发生危机。迈锡尼为了远征小亚细亚富裕的城市特洛伊，倾国出兵，围攻10年方才攻陷。迈锡尼大量的人力、物力和财力在这场旷日持久的战争中严重消耗，从此国势一蹶不振。

还有人提出，迈锡尼文明遗址中有几个地方是毁于不知什么原因引起的火灾中的。这样，活跃于东地中海的海上民族便吸引了这些猜测者的目光，他们认为是这些海上民族破坏了小亚细亚、巴勒斯坦、叙利亚、埃及等地的许多城市，促使赫梯帝国灭亡，埃及帝国衰弱，当然迈锡尼世界也受到了影响。甚至有人说当时的派罗斯有一支装备着20条船的大舰队，可最终被海上侵略者打败。反驳者指出海上民族在公元前13世纪时并未进入希腊。从泥版文书中看，在派罗斯陷落之前，国家除了正常的换防之外，一直没有任何特殊的军事行动。

派罗斯王宫没有防御工事，这一点更让人难以理解。如果说派罗斯的灭亡是由于大意所致，那迈锡尼、梯林斯等地不仅有保证战时水源的设施，而且有巨石筑就的高墙，可谓壁垒森严、固若金汤，却也没能免于灭亡。

学者们经过一番深入的研究之后，不但没能解开迈锡尼文明衰弱的原因，同时又提出了一些新的问题：迈锡尼没有金矿，而黄金又是从何而来？固若金汤的迈锡尼城怎么会屡遭沦陷？还有埃及人、腓尼基人都在其坟墓墙上刻下了文字，后来的希腊罗马人也树立了有文字的墓碑，迈锡尼人已普遍掌握了线形文字，并且用来记写货物清单，可是他们为什么不将死者的姓名和业绩刻在墓碑上呢？这到底如何解释呢？一切还有待于后人的深入考察。

●公元前1300年左右的迈锡尼圆形墓

莎士比亚是否真有其人？

●莎士比亚像

　　莎士比亚是世界文学史上最为重要的作家之一，在国际上甚至有人专门研究莎士比亚并形成了一门学问即"莎学"。但是，有人提出莎士比亚只是一个化名而已，他并不是真实存在的，这是怎么回事呢？

　　早在几个世纪以前，就有人提出了疑问，因为莎士比亚是世界著名的剧作家，他有很多作品为后人所传颂，但其生平不为人知之处仍有很多，况且他个人也没留下这类的文字。因而，有关莎翁身世的材料极少，这就使莎士比亚蒙上了一层神秘的面纱。即使是在莎士比亚的女婿霍尔医生所写的日记中，也难以寻到其岳父是杰出剧作家的一点说明。让人感到奇怪的是，当时没有人明确地指出哪些作品是莎士比亚创作的，也没有人对莎士比亚的去世表现出关注之情，因为没有一个人根据当时的习俗为他的去世写过表达缅怀之情的哀诗。因此，就是像拜伦和狄更斯这样的大作家也对莎士比亚曾写过的那些杰作表示怀疑，狄更斯就曾经表示一定要揭开"莎士比亚真伪之谜"。

　　现在我们所知道的关于莎士比亚的生平只限于以下这些：莎士比亚是欧洲文艺复兴时期最杰出的戏剧家和伟大的诗人，他出生于英国埃文河畔斯特拉特福镇一个普通的商人家庭中。年仅21岁时，他就告别了父母，到外面去寻找生活的门路。他曾做过剧场的杂役，后来又靠个人学习成长为一名演员，并逐渐成了一名剧作家。莎士比亚一生中创作了154首十四行诗和2首长诗、37部戏剧，可以说是著作颇丰。除了他生前自己发表的两首长诗以外，莎氏的其他作品都是别人在他死后搜集整理成书的。

　　首先明确表示出怀疑的是美国作家德丽雅·佩肯，他指出："英国著名哲学家弗朗西斯·培根才是莎剧的真正作者。"

　　他还列举出了自己的理由。第一，莎士比亚生活于英国伊丽莎白王朝宗教、政治以及整个社会大动荡的时代，上流社会认为写剧演戏有伤风化，是一件可耻的事，但在牛津大学和剑桥大学的知识分子中，仍有不少学者在悄悄地排戏。可能是迫于社会的压力，为之撰写剧本的人就虚拟出了一个"莎士比亚"的笔名。

在当时的知识分子中，培根才华超群，阅历丰富，理所当然是剧作者。其二，莎剧内容博大精深，气势恢宏，涉及天文地理，异域风情，宫闱之事，而演员莎士比亚出身于一个普通的市民家庭，从来没上过大学。因此，他不可能写出这样的剧本。 其三，将莎剧剧本（尤其是初版作品）和培根的笔记进行对比，可以发现二者有惊人的相似之处，这可以看作"莎剧系培根所著"的线索。

而美国的文艺批评家卡尔文·霍夫曼于1955年提出了一个轰动一时的莎士比亚"新候选人"，他认为与莎氏同时代的杰出剧作家克利斯托弗·马洛才是莎剧的真正作者。霍夫曼认为1593年马洛假称自己受到迫害，离开英伦三岛，只身逃到欧洲大陆。他在以后的生活中以威廉·莎士比亚的笔名，不断地将他创作的一些戏剧作品寄回祖国，从而不断地在英国发表并搬上舞台。他的根据是与演员莎士比亚同样年龄的马洛是一个才华超群、阅历丰富的作家，毕业于剑桥大学，著名戏剧《汤姆兰大帝》就是他的作品。这位剧作家的作品其文体、情节以及作品中塑造的人物和莎剧极其相像，据此卡尔文·霍夫曼断定这些剧本为马洛一人所创作。

还有学者认为，莎士比亚是伊丽莎白女王借用的名字，这个观点让人十分吃惊。莎士比亚第一本戏剧集是潘勃鲁克伯爵夫人出版的，而她正好又是伊丽莎白女王的亲信、密友和遗嘱执行者。那些学者们认为女王知识渊博，智力超群，对人们的情感具有极高的洞察力，是完全能够写出那样的杰作的。莎士比亚戏剧中不少主角的处境与女王都出奇的相像。女王在1603年去世以后，以莎士比亚为名发表的作品数量大为减少，在质量上也大打折扣，这些很有可能是女王早期的不成熟之作，而在她死后由别人收集出版的。

然而，要完全推翻莎士比亚的著作权也是极为困难的。到现在，绝大多数人仍坚持莎剧为莎翁创作的说法。

莎士比亚的作品是16～17世纪英国社会现实的深刻反映。莎剧情节动人，语言优美，人物个性鲜明，给人们留下了深刻印象。由于其作品反映的是当时英国封建制度解体和资本主义兴起时的各种社会力量冲突的现实，因而其作品有"时代的灵魂"之称。众所周知，莎剧以其四大悲剧而著名，即《李尔王》、《麦克白》、《奥赛罗》和《哈姆雷特》，这也是奠定莎剧在世界文坛上崇高地位的力作。

正因为如此，莎士比亚不仅仅是一个名字，更成为一个时代的化身，因此许多人不愿去正视莎士比亚真伪的问题，但随着新技术不断运用于历史研究中，相信谜底一定会被揭开。

艺术奥秘

西班牙的史前画廊

1879 年，考古学家索图勒在西班牙阿尔塔米拉的一个洞穴内发现了大量壁画。经过索图勒的考证，这些壁画被证实是出自原始人之手，描绘的是当时的各种动物。然而，许多考古学家对此不置可否，因为他们是反对达尔文的进化论的，自然不能接受这一结果。

但是，这些绘画最终被证明是史前艺术的最伟大的发现，其中大部分都是公元前 1.5 万～前 1 万年的作品。

1902 年，即在索图勒去世约 14 年后，考古学家阿贝·亨利·布罗伊尔也来到了这个洞穴，不少动物的骨头被他从地下挖了出来，上面的雕刻画几乎和穴顶上的一模一样。

于是，人们再也不能怀疑这些绘画的真实性，而该洞穴也就此被称为"史前艺术的西斯廷教堂"。这些绘画的保存状态也同样出乎众人意料。在欧洲，特别是在西班牙的东北部和法国的西南部还发现过 100 多个洞穴刻满了石器时代的绘画和雕刻，但是，许多都因时间和气候的原因而毁损了。

人们称创造这一艺术的人为克罗马尼翁人，他们生活在公元前 3.2 万～前 1 万年之间也就是石器时代。他们虽依靠采集植物和狩猎为生，却也不乏创造性的想象力。考古学家的研究表明：他们的独特的文化有其连续性，生活在公元前 1.5 万～前 1 万年间的马格德林人的文化是这一时代文化最晚期的代表。

这些绘画的制作过程是这样的：先用尖利的燧石雕刻出轮廓，然后添加各种不同的颜色。当时的

●法国拉斯科山洞岩画

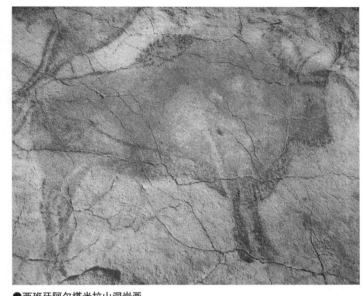

艺术家们不能创造出绿色和蓝色，但可能从氯化锰、煤炭和烟灰中提取了黑色和紫黑色。褐色、红色、黄色和橙色是由铁矿石、动物血或脂肪和植物汁液混合制成的。首先用骨制的臼和杵将铁矿石研磨成粉末，然后倒入动物血或脂肪以及植物的汁水，搅拌均匀，最后这些

●西班牙阿尔塔米拉山洞岩画

颜色就制出来了。作画的工具也是品种繁多：手指、兽毛或羽毛制成的刷子，或一根捣碎的树枝条。不过艺术家们有时也用苔藓作垫料，或者用中空的芦苇秆把颜色吹出来。

在阿尔塔米拉，考古学家们不仅发现了马格德林人令人叹为观止的艺术，而且还发现了牛脂制成的赭色画笔。这些画是当时的艺术家们小心翼翼地在几乎无法透入日光的昏暗的内室中完成的，这表明当时人造光已经被使用了，事实上也的确已发现了石灯。从穴顶上的绘画我们可以知道当时的人们已经使用的某种形式的脚手架。

许多考古学者认为，这类洞穴壁画很可能是某种迷信仪式的组成部分，即通过符号的诅咒使野兽易于捕获。古人也可能认为他们的捕获物身上所蕴含的勇猛和力量会通过绘画这种媒介而传给他们自己。这些绘画也可能是给青年猎手的教科书，用来教导他们如何来杀伤野兽，因为许多画上的标枪正刺中在兽类的最致命处。

公元前1万年，冰川时代即将结束，气候慢慢变得温暖起来，自然万物开始复苏，马格林德人离开了洞穴来到地面。农垦时代就这样开始了，人类正朝着文明不断迈进。而史前画廊就成了他们留给自身历史的一笔丰富的遗产。正如目前的现代化常给人类设置陷阱一样，马格林德人学会了耕种，却丧失了想象力与丰富的创作才华。这一切都淹没在历史的尘埃之中。

古希腊雕塑为何采取裸体形式？

　　古希腊的雕塑艺术是人类文化艺术史上的奇迹，人们在沉浸于这些雕像的力与美的同时，也不免会产生一个疑问：为什么古希腊雕塑都是裸体的呢？

　　这个问题曾困扰了几个世纪以来的无数智者、学者、专家和研究家，他们的观点各不相同。时至今日，这种争论仍在继续之中。

　　一种说法认为古希腊的裸体艺术来源于原始社会的裸体风俗。农业社会之前的原始人，特别突出对男女外生殖器的表达，如太平洋诸岛、南洋群岛和非洲的原始人，都刻意装饰和显示自己的外生殖器。原始人把性看作大自然赐予的生命与欢乐的源泉，他们都以性为美，以裸体为美。早在旧石器时代的欧洲"奥瑞纳"文化里，就出现了法国鲁塞尔洞的浮雕裸体和奥地利委连多尔夫的圆雕裸女。在这些作品中，女性的乳房被夸张地予以表现，这是同原始生产力落后，人们渴望生产力旺盛离不开的。及至古埃及的壁画和雕刻作品中，他们对裸体有了进一步的刻画。到了古希腊罗马时代，裸体艺术则达到了一个高潮，著名的断臂维纳斯雕塑就是其中的一个杰作。

　　另一种说法认为古希腊人雕塑采取裸体的形式，是与当时战争的频繁与体育的盛行分不开的。古希腊人有两个义务，那就是公共事物和战争。而当时的战争全凭肉搏，因此每个士兵都得锻炼好身体，愈强壮愈矫健愈好。战争带来了体育的盛行，当时几乎没有

●伊阿宋雕像

青年伊阿宋是美狄亚心中的至爱，他的形象其实是凡人中的阿波罗，俊美和神武相交融。

一个自由民不经过练身场的训练，也因此而练就了一大批体格健美的青年人。每逢节日庆典，各城邦都要举行体育竞赛。在运动会上，人们并不以裸体为耻，青年男女为显示自己健美的体魄，常常把衣服脱光。在古希腊人眼中，理想的人应是血统好、发育好、比例匀称、身手矫健、擅长各种运动。基于这种思想，裸体雕塑自然而然地成了当时的主流艺术。从艺术规律来看，作为三维空间艺术的雕塑，其最理想的模特应是运动场上的优胜者和那些健壮美丽的肌体。

从总体上来说，希腊雕塑的裸体和战争、体育以及审美都是有联系的。

近几年来，中国一些学者对上述观点提出了挑战。潘绥铭等人认为希腊裸体雕像是当时性快乐主义风尚的

●赫尔墨斯 公元前 100 年 菲狄亚斯

产物，他说："人类的裸体有三种性的特性。第一性征是男女外生殖器的不同形状，是由动物继承而来的；第二性征是男女体型和体表的不同……第三性征是两性的心理、气质、风度和行为的不同，是社会文化的产物……古代希腊罗马奠定了西方文化中裸体美的基本模式，并为中国当代艺术界接受。它既非源于裸体风俗，也非来自赤身体育活动，而是当时性快乐主义风尚的产物。它在保留第一性征的基础上，强调第二和第三性征。"

●掷铁饼者 公元前 5 世纪 米隆

穿明代服装的《木美人》

　　《木美人》是珍藏在广东省新会县的博物馆里的两幅西洋式的油画。这两幅油画，既非画在布上，也非涂在纸上，而是彩绘在两扇旧的木制的门板上，因而此画被人取名为《木美人》。画面上画的是两个亭亭玉立的美女，身材高度与真人相比，要略小些。这两幅油画，之所以受世人瞩目，原因在于《木美人》画的少女是西方女子的相貌，却身着中国明代古装。她们高鼻子、蓝眼睛、耸肩膀、挽发髻，美丽高贵，栩栩如生，令人过目难忘，顿生喜爱之心。

　　《木美人》是怎样得来的呢？这里边有一段动人的故事。据说明朝时，有一个广东人名叫李任开，他来到福建莆田当教谕（县文教部门长官）。4年任期满后，李任开回到原籍广东新会县老家，他带回两扇《木美人》油画。在莆田民间，流传着有关这两扇《木美人》油画的神奇传说。一说该油画原被一个酒店的老板所得，酒店老板把《木美人》当作招待员一样做广告，把它立在店门口。想不到画面上的那两个美女会从门板上走下来为顾客斟酒敬菜，于是酒店生意十分兴隆，酒店老板因此发了大财。另一说有一次发生火灾，烈火烧毁了全部建筑物，而唯独这两扇画被保存下来，至今人们还能见到油画的木板上有被火熏过的痕迹，因而更增加了《木美人》的神奇曲折性。《木美人》这两幅画在木门板上的油画，是15世纪文艺复兴时期的作品，时间要早于利马窦传入的油画100余年。它成了中国现存的最早的外国油画。

　　人们对《木美人》这两幅西洋式的油画存有一串串疑问：它的作者是谁？为何要用木板作油画？这两扇《木美人》画是做什么用的？最奇怪的是，画中的女子形态是外国女人，怎么又穿了中国的明朝服装？还有这幅油画的由来等等都是史学家们关注的问题，但至今仍无令人信服的答案。

●《木美人》中的外国女子身着明朝服装，她们相貌端庄、仪态大方，是中西文化交流的完美体现。

蕴含玄机的奥梅克雕像

拉文达废墟的一个古代奥梅克文化遗址出土了一幅非常精致的浮雕，考古学家称之为"蛇中人"。此地还出土了蕴含玄机的奥梅克雕像，此雕像显示了两个男人相遇的情景，而且还是两个白种男人。1940年，美国考古学家马休·史特林在拉文达废墟发现了一块雕刻着"蓄胡男子"肖像的石碑，这就是举世瞩目的奥梅克雕像。自该雕像出土以来，考古学家们对其蕴含的秘密作了各种考证，形成了不同的说法。

●人头石 公元前 900～前 600年 奥梅克文明

奥梅克雕像似乎可以确定两件事：第一，基于某种原因，石碑上雕刻的两名男子的相会场面，对奥梅克人来说意义非常重大。第二，如同那些黑人头像，奥梅克工匠雕刻这块石碑上的白人肖像时，显然也是用活生生的人当模特儿。因为碑上人物脸部逼真的五官特征，是凭空想不出来的。这些异乡人容貌奇特，他们究竟是谁？在中美洲干什么？

正统学界一贯认为，1492年之前，美洲跟西方世界没有接触，一直处于孤立的状态中。有些学者思想比较前卫，拒绝接受这种教条式的观念。他们提出一个新的、看似合理的看法：奥梅克雕像描绘的那些深目高鼻、满脸胡须的人物，可能是古代活跃于地中海的腓尼基人。持该观点的学者进一步指出：奥梅克雕像描绘的黑人，应该是腓尼基人的奴隶，腓尼基人在非洲西海岸捕捉这些黑人，千里迢迢地把这些黑人带到美洲去。

也许，比哥伦布早许多年，腓尼基人和其他西方民族真的曾经穿越大西洋，但是腓尼基人纵横四海，在古代世界许多地区留下他们独有的手工艺品，却没有把属于他们的任何东西留在中美洲的奥梅克人聚居地。这儿发现的黑人头像，以及描绘留着胡子的白种男人的浮雕，都完全看不出是腓尼基人的作品。无论在风格上，还是在雕工上，不论是在美洲或是全世界，这些艺术品都没有先例。这些强劲有力的作品似乎并不属于任何已知的文化传统和艺术类型。

随着历史的发展，生活的丰富，奥梅克雕像到底蕴含着怎样的玄机，终将被解开。

米洛的断臂维纳斯

古希腊神话传说中，有一个女神叫阿芙罗蒂，专管"美"和"爱"。到了古罗马时代，罗马人将她称为维纳斯。没有人见过这位女神，但是关于她的雕像却留下很多。其中最有名的就是一尊断臂的维纳斯雕像。

1820年4月的一天，农民伊沃高斯带着他的儿子在爱琴海中的米洛岛上耕地。当他们正打算铲除一些矮灌木时，突然一个大洞穴出现在他们面前。他们走进这座山洞，发现了一座非常优美的半裸的女性大理石雕像，这就是"断臂维纳斯"神像。

法国驻希腊代理领事路易·布莱斯特很快得知了这个消息，他立即向法国公使利比耶尔侯爵做了报告。侯爵以高昂的代价从伊沃高斯手中买下了这座雕像，价格高达2.5万法郎，又把它装上法国军舰，偷偷运往法国。现在这座雕像就陈列在法国巴黎著名的卢浮宫美术馆里，成为卢浮宫的镇馆珍品之一。

从那以后世上就广为流传着有关断臂维纳斯的故事，人们不仅惊叹于维纳斯之美，也充满了对她的疑问和困惑。她是谁？她的制作者又是谁？她的手臂哪里去了？臂断之前她又是怎样的姿态呢？

这尊在米洛岛上发现的雕像是维纳斯公认的形象，被命名为"米洛的维纳斯"。有些人认为她的这个名字过于"外国化"，因此将它命名为"米洛的阿芙罗蒂"。又因为这座石像的脸型很像公元前10世纪古希腊著名雕像家克尼德斯的作品"克尼德斯的维纳斯"的头部，所以这件作品又被叫作"克尼德斯的阿芙罗蒂"。

正因为这两件作品如此相似，很多人断言她的创作者就是克尼德斯。但是也有相当一部分人认为这么优美的作品的作者应该是公元前5世纪古希腊更伟大的雕像家菲狄亚斯或菲狄亚斯的学生，因为作品的风格和这个时代相似。时至今日，比较公认的看法是认为这是一件晚至公元前1

●米洛的维纳斯雕像

世纪希腊化时期的作品；还有一种看法认为这只是一件复制品，是仿制公元前 4 世纪某件原作而雕塑出来的，而原件已经消失了……总之众说纷纭，莫衷一是。

现在人们又对另一个问题产生了兴趣：她断了的两只胳膊原来是什么姿势？是拿着金苹果？是扶着战神的盾？还是拉着裹在下身的披布……近年来的考据家则较一致地认为，她的一只手正伸向站在她面前的"爱的使者"丘比特。虽然不少人曾依照各自的推测补塑了她的双臂，但总觉得很别扭，不自然，还不如就让她缺两只胳膊，让人们用自己的想象去补全它，从此她就以"断臂美神"而闻名遐迩了。

虽然这是个半裸的女性雕像，而且优美、健康、充满活力，可是给人的印象并不是柔媚和肉感。她的身姿转折有致，显得大方甚至"雄伟"；她的表情里有一种坦荡而又自尊的神态，显得很沉静。她无须故意取悦或挑逗别人，因为她不是别人的奴隶；她也毫无装腔作势、盛气凌人之感，因为她也不想高居他人之上。在她的面前，人们感到的是亲切、喜悦以及对于完美的人和生命自由的向往。

自克尼德斯以来，艺术家们为了歌颂这位女神的美丽与温柔，塑造了各种姿态的裸女造型，而最成功的就是这尊雕像。她体现了菲狄亚斯的简洁，克尼德斯的温情，也具有留西波斯的优美的人体比例。她的面庞呈椭圆形，鼻梁垂直，额头很窄，下巴丰满，洋溢着女性典雅与温柔的气息。虽然衣裙遮住了她的下肢，但人体动态结构准确自然，艺术家的不凡技艺尽在其中。

●**完整的维纳斯雕像**
维纳斯历来是雕刻家钟爱的表现主题，从这尊完整的维纳斯雕像中，我们虽可全视女神之美，但断臂的维纳斯似乎更多出一种神秘和尊贵的意味。

然而，现在可能还是她的断臂让人们最感兴趣：美人的手臂在何处呢？

人们曾经在发现石像的同一座洞穴里找到过一些断臂与手的残碎石片，但这些究竟是不是这座雕像的手与臂的残片呢？目前还没有一致的看法。

伟大的雕像家创造了维纳斯，而"断臂"不仅增添了她的残缺美，也使这座雕像显得更加神秘。

●沉睡的维纳斯 意大利 乔尔乔内

维纳斯比例匀称的裸体流露出一种纯真，右手枕入脑后，右腿弯在膝下，人体弧线宛转柔和。背景画面坡度很小，丘冈宁静，起伏的线条与人体的轮廓相呼应。这幅画可算是文艺复兴时期表现女性人体美最具艺术魅力的作品。

●维纳斯的诞生 意大利 波提切利

全裸的维纳斯从海中贝壳里升起，她是宙斯和大海女神之一狄俄涅的女儿，维纳斯的美具有全希腊的意义。

复活节岛上的神秘石像

  复活节岛是世界上最偏远的地方之一，它位于茫茫无际的南太平洋水域。1722年，荷兰人首先发现了这个小岛，那天刚好是复活节，因此这个岛被称为复活节岛。此后的几十年内，西班牙人等欧洲探险家们曾经一次又一次地登上此岛，因为人们不仅对这个荒岛上的土著居民很好奇，而且对岛上的上百尊巨石雕像更感兴趣。复活节岛虽然孤处一方，但那些遍布全岛的石像世界闻名。这些有着非常明显特征的石像被当地人称为"莫埃"：他们有神态各异的长脸，向上略微翘起的鼻子，前突出的薄嘴唇，略向后倾的宽额，垂落腮部的大耳朵，刻有飞鸟鸣禽的躯干，还有垂在两边的手，石雕独特的造型使它们别具风采，使人一眼就能认出它们。此外，有些头上还戴有圆柱形红帽子的被当地人称为"普卡奥"的石像，远远看去这些红帽子就像具有尊贵和高傲色彩的红色王冠。

  这些石雕人像的造型一致，都是表情呆滞、脸形瘦长的那种。这说明其加工制作者使用的模本是统一的。从未见过的石像造型所表现出来的奇特风格，充分说明了它是未受外来文化影响的本地作品。当然也有些学者指出，它们的造型与

●复活节岛上神态各异的石像

●散落在草丛中的石雕

远在墨西哥蒂纳科瓦的玛雅即印第安文化遗址上的石雕人像十分相似。如果说古代墨西哥文化影响过它，但墨西哥在复活节岛数千千米之外，这几乎是不可能的。

在充分研究了小岛各处分布的600多尊石像和几处采石场的规模等情况后，众多学者一致认为这份工程没有5000个身强力壮的劳动力是不能完成的。他们做过一项试验，十几个工人忙一年才能雕刻一尊不大不小的石人像。利用滚木滑动装置似乎是岛民解决运输问题的唯一办法，这种原始的搬运办法虽然可以将这些庞然大物搬运到小岛上的任何角落，但这必定要花费巨大的劳动量。令人不解的还在于，当雅各布·罗格文初到复活节岛时，岛上几乎没有树木，因此利用滚木装置运送巨石人像的可能性也不能确定。

调查者们在拉诺拉库山脉还找到了几处采石场。采石场上到处分布着像切蛋糕似的被人随意切割的几十万立方米的坚硬岩石。这些加工好的巨石人像被运往远方安放，但是数以百计未被加工的石料依然躺在采石场上，加工了一半的石像中还有一尊极为奇妙的石像，它的脸部已雕琢完成，但是后脑部还和山体相连。这件成品只需几刀就可与山体分离，但是它的制作者好像忽然发现了什么，匆匆离去，将它留在这里。

不可思议的还有戴着石帽的石像，这批石雕人像重的超过50吨，小的重约2.5吨，单单石帽就是件吨位沉重的庞然大物。制作者究竟如何将它们从采石场上凿取出来，怎样加工制作，又通过什么途径将它们运往远处安放的地方，并能牢牢地将它们耸立在石像头上。由于前几个世纪岛上居民还没有使用铁器，这一切都那么令人费解。

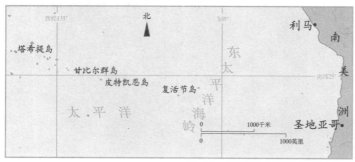

●复活节岛距智利约有3500千米。

而且工地上的许多作品，尽管进度并不相同，但是看上去似乎是同时停工的，那么小岛上究竟发生了什么事情呢？地质学家们研究之后，发现复活节岛是座火山岛，但是在人类在此居住以前并没有发生过火山爆发。

20世纪40年代挪威科学家托尔·海尔达尔提出，复活节岛上曾居住过南美印第安人的观点。他认为是他们建造了这些莫埃人像。为了证实自己的推断，海尔达尔决定孤身穿越太平洋，他造了一

●瞪目而视的石雕

个简陋的木筏，开始了自己的行动。木筏随着信风和洋流一路向西漂去，实际的距离大大超过了复活节岛。101天以后，一直在海中漂泊的木筏在塔希提岛东面一个荒凉的南太平洋小岛上靠岸。

海尔达尔激动万分，因为航行证明了一只简陋的木筏横渡太平洋的可能性。当然这还只是一种可能性，是否真的发生过这样的事情还不能确定。要证明南美洲人的确曾在复活节岛上生活过还需要更多更充分的证据。海尔达尔的推断似乎得到了岛上的一些口头传说的支持。因为岛上的居民曾提到一个这样的民族，他们将耳朵刺穿并在耳垂上挂上重物，人为地把耳朵拉长。这些耳朵很长的人曾经在很长一段时间里统治了小岛，后来那些短耳朵的人感到不满，于是奋起推翻了他们。由于那些莫埃人像的耳朵几乎都垂到了肩上，所以海尔达尔推断它们是由那些"耳朵很长"的人建造的。那么这些人是从哪里来的？岛上居民传说他们来自东方，那里仅有一望无际的海洋……

●复活节岛上的土著居民还保持着传统的习俗与装束。

然而后来的一些理论却否认了海尔达尔的推想。首先，通过放射性碳元素测定年代法表明，早在公元5世纪之前，岛上就有人居住了，而莫埃人

像则最早建造于公元 900 ～ 1000 年之间。而且后来的许多研究也证实岛上的居民是从波利尼西亚迁移过来的，而不是从南美洲迁移过来的。从语言学的角度进行分析，岛上居民使用的文字更接近波利尼西亚的文字；对他们的骨骼进行研究，岛上的居民也更接近于东南亚人。

最早来到复活节岛上的是波利尼西亚人这一观点得到了普遍认同，因为这一结论能在一定程度上解释为什么能够建造那些巨大的雕像。由于波

●复活节岛国家公园石雕

利尼西亚非常盛行祖先崇拜，因此那些莫埃人像可能是由岛上的家族或部落建立起来的用以纪念先人的墓碑。马克萨斯群岛还有一种在死者的雕像上放上一块石头，以示哀悼的传统。而在莫埃人像顶部盖上红石头很可能就是由这种传统演化而来的。

复活节岛上的石雕人像不断地被人写入游记、见闻和回忆录里，变得日益神秘起来。现在，这些石雕人像随着科技的发展和电视的普及已经家喻户晓了，但是仍有许许多多的谜团困扰着人们，而岛上的那些石雕人像仍屹立在那里，俯视着岛上络绎不绝的游人。

不知从何而来的
纳斯卡地画

　　秘鲁的纳斯卡高原是世界上最干燥的地区之一，这里终年骄阳似火，经常连续几年滴水不降。

　　几十年前的一天，位于秘鲁首都利马的民族学博物馆来了一位飞行员，他自称在秘鲁的安第斯山一带纳斯卡高原的沙漠上，发现了古代印第安人的"运河"。他拿出一张用铅笔勾抹着一些奇形怪状线条的地图，作为自己的证据。

　　几年过去了，这张地图辗转到历史学家鲍尔·科逊克的手里。科逊克带领一支考察队来到纳斯卡高原。在黑褐色的高原上，他们的确发现了十分明显的"白带"。在这条"白带"上，有的沟形状怪异，沿途也崎岖不平；有的沟则笔直，长达1.5千米～2千米。顶多深15厘米～20厘米左右的河床，即使在如此平坦

●一只蜂鸟将细长的喙伸到延伸的直线上。

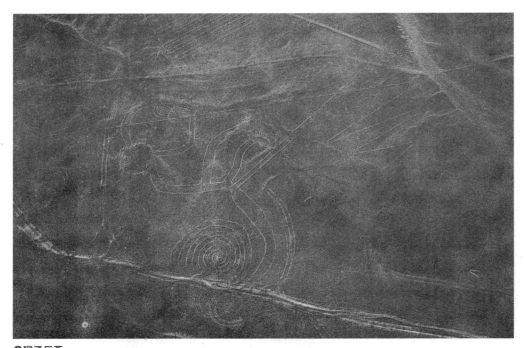

●猴子巨画

这幅画非常形象地展现了巨猴的外貌特征，但在纳斯卡高原究竟是谁完成了如此巨大的工程，尚未定论。

的原野上，水也不会安然流淌在这样的运河里，用运河来命名它，似乎有些夸张。所以，用"沟"来称呼这条"白带"似乎更为准确和到位。考察队的队员们手拿指南针，沿着弯曲的沟行走，同时在地图上记下沟的形状与方位。一段时间过后，他们完成了这个有趣的实验，沟的形状和方位图画成了。令人惊奇的是，这图就像一只喙部突出的巨鹰。与一条长约1.7千米的笔直的沟相连的是鹰的尾部。

在当时的情况下，人们是怎样画出这幅巨鹰图的呢？是怎样确定线条方向和准确地制定鹰身各部位的比例呢？当时采用的测量仪器又是什么样的呢？纳斯卡高原沙漠在考古学家面前展现了它迷宫的一角。

紧接着一些巨大的人工平行线和许多奇异的图案被发现。当考古学家们乘上飞机以一定的角度在纳斯卡高原上空缓缓盘旋时，数千条方向各异的线条，分别组成三角形、螺线、四边形等多种几何图形。真是一组奇妙的画面！而且，人们还发现这里面有一幅章鱼图，章鱼伸展着八条弯弯曲曲的触角，非常形象。

人们还发现了这些地上画的规律，即完全相同的动物画，就像盖图章一样，每隔几十千米就出现一批。同时，比这些动物画大数十倍的人物画也被发现。其中一个长620米，躯干挺直而且双手叉在肋下的人像，令人称奇；还有一幅没有脑袋，却画有六个手指的人物等等。

还有许多沟更令人不解，它们有十分精确的南北走向，误差不超过一度。史料中没有记载南美居民持有指南针，而且北极星根本不会出现在南半球，画家在这样的条件下怎么能画得如此精确呢？

以上种种原因和迹象，使纳斯卡高原上的地上画引起了人们的惊叹与关注。有些学者认为它可以与埃及金字塔和巴尔贝克神殿相媲美，将之称为世界第八大奇观。

科逊克等人在将星相图和纳斯卡高原平面图进行对照之后，发现整个四季的天文变化在这些地上画中也有明确的显示。有的标记代表月亮升起的地点，有的画还指出了最明亮的星的位置。在这部地上"天文历"上，太阳系的各大行星，都被标上了各自的三角形和线。在形状的帮助下，点缀在南半球空中的众多星座也能够在地画中一一发现。

尽管人们对这些巨大的地画有不同的解释，但大多数人都同意一点，即只有拥有高度发达的测量仪器和计算仪器的人才能制做出这些画，而且由于只有在空中才能看到它们的形状，所以它们是为专门从空中看才制作的。

据说印加人的部落曾经观察过在这里出现的让他们终生难忘的外星生物（或外星人），他们极其热切地希望这些外星生物（或外星人）能够回来。在年复一年的等待中，当他们的愿望实现不了的时候，他们便开始像外星生物（或外星人）一样在平地上仿造图案。

但是，诸神一直没有光临，在这期间人类周而复始地出生死亡，起初人们借助画线方法并未将诸神召回，人们又开始刨出巨大的动物形象。首先是人们描绘各种各样象征飞行形象的鸟；后来在想象力的驱使下又去描绘蜘蛛、鱼和猿猴的概貌。

另外一些考古学家则持否定态度，认为这些图形和线条是半神半人的"维拉科查人"遗留下的作品，并不是出自凡人之手。这个族群在好几千年之前也将他们的"指纹"遗留在了南美洲安第斯山脉其他的地区里。

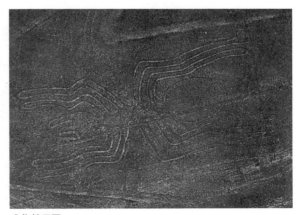

●蜘蛛巨画

专家们对镶嵌在线条上的陶器碎片进行了检测，同时对这儿出土的各种有机物质通过碳 -14 进行测度，结果证实，纳斯卡遗迹年代十分久远，大概是从公元前 350 年～公元 600 年不等。至于这些线条本身的年代，由于它们跟周围的石头一样，本质上都是无法鉴定年代的，所以专家不做任何推测。我们只能这么说：年代最近的线条至少也有 1400 年历史，但在理论上，这些线条可能比我们推测的年代更为久远。如果是后来的人携带这些我们据以推断日期的文物到纳斯卡高原也是很有可能的。

以上的种种假设都存在着一些问题。首先，这些线条的坐标和动物的标志只有从高空中才能看出来，地面上的人如果没有先进的技术，根本无法画出来。其次，位于秘鲁南部的纳斯卡高原是一个土壤贫瘠、干燥荒凉、五谷不生的地方，长久以来人烟非常稀少，恐怕将来也不会有大量人口移居这里，在这种地方谁会去完成如此巨大的工程？

直到今天，人类仍然无法知道纳斯卡线条的真正用途和真正年代，更别说是谁画的。这些线条和图形是一个谜团，越仔细观察，就越觉得充满了神秘。

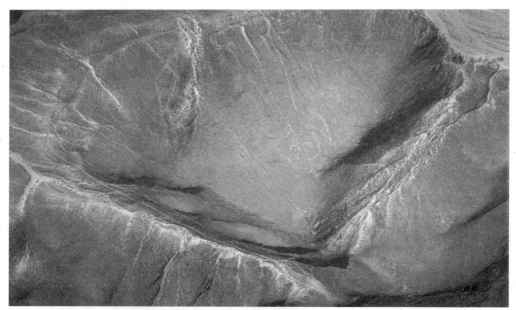

●有一些比较特别的地画并不在平地上，而是被发现于纳斯卡石谷中。

神秘的非洲原始岩画

在世界文明发源地之一的非洲有许多史前原始岩画，这些岩画精美绝伦，分布极为广泛，约有十多个国家，如阿尔及利亚、埃塞俄比亚、埃及、莫桑比克、肯尼亚等都有这种原始的艺术作品保留下来，而且数量非常多，流传也很广。其中有1.5万幅岩画遗址在塔西里被发现，而在撒哈拉地区有3万幅。

●羚羊与人

大羚羊的形象较为写实，造型准确，姿态优美，而人物形象则采用了夸张手法，图案性较强，富有节奏感。

这些岩画有相当复杂的表现形式和手法，还有丰富多彩的内容。粗犷朴实的笔画使用的是水混合塔西利台地上的红岩石磨成的粉末冷制而成的颜料，由于颜料中的水分能充分渗入岩壁内，长久接触后发生化学变化，使颜料溶进岩壁。因而很多年后，画面依然鲜艳夺目。

早在1721年，一个葡萄牙人旅游团从委内瑞拉出发到莫桑比克旅游观光，一个旅游团成员偶然在岩壁上发现了一幅画着动物的岩画。随后人们又发现了位于阿尔及利亚东部的巨大的颜料库，它位于撒哈拉沙漠中的恩阿哲尔山脉，这条山脉长800千米，宽50千米～60千米，岩画的主要颜料就是那里蕴藏着的丰富的红砂土矿藏。1956年，一个法国探险队在这片广阔的山区里竟发现了1万多幅作品。

科学家们根据这些岩画所反映的内容，推断撒哈拉地区以前并不是沙漠，而是存在着一群生活在旧石器时代和新石器时代的人们，他们的谋生手段是猎取大型水栖动物，也放牧羊群。大量考古资料证实，公元前8000年～前2000年，在地质学上是非洲寒武纪的潮湿期，那时撒哈拉地区并不是沙漠，而是一片布满热带植物的草原，这种草原正适合狩猎。

非洲原始岩画中，有许多神秘的人物形象，有的是手持长矛、圆盾的武士，他们乘坐战车迅猛飞驰，仿佛雄伟的战士；有的场面则是人们射击野鹿和狩猎野牛，他们手持弓箭，个个身材魁梧。科学家们由此得出以下结论：当时战争频繁，甚至成了人们的职业，而在经济中占突出地位的是狩猎。画面上有些人戴着小帽子，

●人像

穿着奇异服饰的人像看起来与宇航员有些许相像。

身缠腰布；有些没有武器，做出敲击乐器的样子；有些人像是欢迎"天神"的降临，做出贡献物品的样子，仿佛是描述祭神的画面；有些人则像是跳舞，舞姿呼之欲出。其中还有画着巨大的圆脑袋的人像，他们的服饰非常厚重笨拙，除了两只眼睛，脸上什么也没有，而且表情呆滞。人类发明了宇宙飞船以后才明白这些画面的意思，现在的宇航员穿上宇宙服、戴上宇宙帽后，与那些圆头人像有着惊人的相似。

究竟是谁创作的非洲原始岩画呢？许多人认为是当地的土著布须曼人创作的。布须曼人的文化中心正是撒哈拉地区，在这个中心地区发现的许多岩画都可以证明这一点。北边的塔西里，东北的西班牙，南边的非洲中部及南部，东边的埃及的岩画都是从这个中心地区传播开来的。

而一些欧洲学者则坚持认为外来文化的传播创造了非洲史前岩画，有的干脆说非洲史前岩画是欧洲史前岩画的复制品。他们认为首批欧洲移民尼安德特人在公元前5万年左右来到非洲，大批克罗马侬人在4000年后移居非洲，他们是欧洲史前岩画的创造者，是他们把岩画带到了非洲。

但不少专家指出，岩画中表现了非洲一些部族的人种特征，例如非洲人一般都是高耸臀部，这是欧洲史前岩画中不可能有的。非洲岩画究竟是天外来客的随心之作，还是非洲土著布须曼人的智慧结晶，或是欧洲史前岩画的复制品？现在仍然众说纷纭。然而非洲岩画的发现对世界原始文化研究有着重要的意义，它能使我们了解、考察非洲原始部族的生活与社会形态，这一点是毋庸置疑的。

而在所有的非洲原始岩画中，撒哈拉大沙漠的壁画尤为壮观。

撒哈拉大沙漠位于非洲北部阿特拉斯山脉与苏丹草原以及大西洋与红海沿岸之间，它巨大的面积几乎占据了非洲全部面积的一半。

这些充满神秘色彩的沙漠壁画是德国探险家巴尔斯于1850年在撒哈拉考察时无意中发现的，有鸵鸟、水牛及各式各样的人物像。由于缺乏考古知识，当时这些壁画并没有引起他的重视。

23年后科学家专门对这些壁画进行了考察，结果发现在画中记述的都是1万年以前的景象。

在撒哈拉大沙漠中部的塔西利台地恩阿哲尔高原上人们又偶然发现了一处巨大的壁画群落。这个壁画群落长达数千米，全都绘在岩阴上，上面刻画了远古人们的生活情景，五颜六色、色彩雅致。此后一些考古学家、考察队纷至沓来。亨利·罗特于 1956 年率法国探险队在沙漠中发现了 1 万件壁画。第二年，他们回到巴黎，带回面积约合 11.6 万平方英尺的壁画复制品及照片，成为当时轰动世界的考古新闻。

在沙漠中还发掘出许多的村落遗址，它们都是新石器时代的人类遗址。从发掘出的大量文物来看，撒哈拉在距今 1 万年～4000 多年间是一个草木茂盛的绿洲。当时在这里劳动、生息、繁衍的部落和民族，创造了高度发达的文化。磨光石器的广泛流行和陶器的制造是其主要特征。当时的文化已发展到相当高的水平，从壁画中的撒哈拉文字和提斐那文字可以看出这一点。

壁画中绘有很多的马匹，还有形象生动、神态逼真的鸵鸟、大象、羚羊、长颈鹿等，甚至有描绘水牛形象的壁画。科学家断言，以塔西利台地为起点，南到基多湖畔，北到突尼斯洼地，构成了撒哈拉地区庞大的西北水路网。台地在多雨期出现了许多积水池，沿着这些积水池，繁殖出各种各样的动植物，撒哈拉文化得到高度发展，昌盛一时。

人们同时发现，只有极少数地区才有关于骆驼的壁画，而且这些骆驼形象的壁画都属于非洲岩画的后期作品。

大约在公元前 400 年～前 300 年左右，撒哈拉成为沙漠，骆驼才从西亚来到这里，罗马共和国的疆土扩张时期也在此时。根据壁画内容可以推测当时人们很可能喜欢在战争、狩猎、舞蹈和祭祀前后在岩壁上画画，用画来鼓舞情绪，或者是表达对生活的热爱。这些画生活气息非常浓郁，非洲人民勤劳勇敢、乐观豪迈的民族性格和鲜明的地方特色得到了充分的体现。

正如前文所说，另外一些学者以人种学为研究方向，认定并非由非洲本土的布须曼人绘制了岩画，其中之一的根据是布须曼人对透视法一无所知，而非洲岩画中却充分运用了这一技法。从西班牙东部、北非、撒哈拉、埃及等地区岩画之间的相似之处，一些考古学家推测在遥远年代，从地中海有一群人漂泊到好望角去了，当他们漫游到撒哈拉及东非大平原时，那里是一片绿色而且充满生机的绿洲，正是他们理想的狩猎区和栖息的家园，而后他们停留在山区高原，在那里创作了许多最早的非洲岩画，他们就成为最早的狩猎者以及狩猎艺术家。

然而这些只是他们的主观猜测和臆想，毫无根据可言。至于说岩画不是布须

●撒哈拉沙漠岩石水彩画，表现的是正在放牧的早期牧人的生活情形。

曼人的作品，原因是他们不懂透视法则更显得荒谬。因为即使说后来的布须曼人不懂岩画知识和技巧，也并不代表那些已灭绝的布须曼人不懂。这种知识与技巧只有极少数人才能掌握，而且传授方法非常神秘，所以后来的布须曼人看不懂前人所画的岩画并不足为奇。何况因年深日久不少岩画已模糊不清，后来者也难以辨认了，以人种学观点为依据是一种种族偏见，缺乏足够的说服力。

　　还有个别学者认为很难弄清岩画究竟是非洲本土的古老艺术还是外界文化的辐射，而且他们认为任何伟大艺术都是国际性的，没有必要把任何艺术都贴上民族的标签，这种工作是毫无意义的。如同世界其他地区的画廊一样，非洲文化也兼容诸多民族及其原始宗教派别的艺术。尽管这种泛论并不能让所有的人满意，但它提供的认识非洲岩画出处的思路仍有可取之处。

　　种种说法尚无定论，但原始岩画有利于人类认识撒哈拉大沙漠的史前文明却是无可厚非的。